Moritz Cohrs

Ein Architekturmodell für SAP®-Anwendungen

W0258614

Aus dem Programm   Informationstechnik

Usability Management bei SAP®-Projekten
herausgegeben von P. Abele, J. Hurtienne und J. Prümper

Softwareentwicklung kompakt und verständlich
von H. Brandt-Pook und R. Kollmeier

User Interface-orientierte Softwarearchitektur
von P. Chlebek

Grundkurs SAP® ERP
von D. Frick, A. Gadatsch und U. G. Schäffer-Külz

100 Minuten für Anforderungsmanagement
von M. Grande

SAP® ERP – Praxishandbuch Projektmanagement
von H. Gubbels

Profikurs ABAP™
von P. Theobald

SAP R/3® Kommunikation mit RFC und Visual Basic
von P. Theobald

www.viewegteubner.de

Moritz Cohrs

Ein Architekturmodell für SAP®-Anwendungen

Leicht wartbare, erweiterbare und teamorientierte
SAP®-Eigenentwicklungen mit ABAP™ Objects

PRAXIS

VIEWEG+
TEUBNER

Bibliografische Information der Deutschen Nationalbibliothek
Die Deutsche Nationalbibliothek verzeichnet diese Publikation in der
Deutschen Nationalbibliografie; detaillierte bibliografische Daten sind im Internet über
<http://dnb.d-nb.de> abrufbar.

„SAP",R/3®, mySAP®, mySAP.com®, mySAP CRM®, mySAP SCM®, ABAP/4®, SAP-GUI®, SAP APO®, IDES®, BAPI®, BW®, ECC®, SAP Business Information Warehouse®, SAP Business Workflow® sind eingetragene Warenzeichen der SAP Aktiengesellschaft Systeme, Anwendungen, Produkte in der Datenverarbeitung, Neurottstraße 16, D-69190 Walldorf. Der Herausgeber bedankt sich für die freundliche Genehmigung der SAP Aktiengesellschaft, das Warenzeichen im Rahmen des vorliegenden Titels verwenden zu dürfen. Die SAP AG ist jedoch nicht Herausgeberin des vorliegenden Titels oder sonst dafür presserechtlich verantwortlich. Für alle Screen-Shots des vorliegenden Titels gilt der Hinweis: Copyright SAP AG.

Das in diesem Werk enthaltene Programm-Material ist mit keiner Verpflichtung oder Garantie irgendeiner Art verbunden. Der Autor übernimmt infolgedessen keine Verantwortung und wird keine daraus folgende oder sonstige Haftung übernehmen, die auf irgendeine Art aus der Benutzung dieses Programm-Materials oder Teilen davon entsteht.

Höchste inhaltliche und technische Qualität unserer Produkte ist unser Ziel. Bei der Produktion und Auslieferung unserer Bücher wollen wir die Umwelt schonen: Dieses Buch ist auf säurefreiem und chlorfrei gebleichtem Papier gedruckt. Die Einschweißfolie besteht aus Polyäthylen und damit aus organischen Grundstoffen, die weder bei der Herstellung noch bei der Verbrennung Schadstoffe freisetzen.

1. Auflage 2011

Alle Rechte vorbehalten
© Vieweg+Teubner Verlag | Springer Fachmedien Wiesbaden GmbH 2011

Lektorat: Dr. Christel Roß | Maren Mithöfer

Vieweg+Teubner Verlag ist eine Marke von Springer Fachmedien.
Springer Fachmedien ist Teil der Fachverlagsgruppe Springer Science+Business Media.
www.viewegteubner.de

Das Werk einschließlich aller seiner Teile ist urheberrechtlich geschützt. Jede Verwertung außerhalb der engen Grenzen des Urheberrechtsgesetzes ist ohne Zustimmung des Verlags unzulässig und strafbar. Das gilt insbesondere für Vervielfältigungen, Übersetzungen, Mikroverfilmungen und die Einspeicherung und Verarbeitung in elektronischen Systemen.

Die Wiedergabe von Gebrauchsnamen, Handelsnamen, Warenbezeichnungen usw. in diesem Werk berechtigt auch ohne besondere Kennzeichnung nicht zu der Annahme, dass solche Namen im Sinne der Warenzeichen- und Markenschutz-Gesetzgebung als frei zu betrachten wären und daher von jedermann benutzt werden dürften.

Umschlaggestaltung: KünkelLopka Medienentwicklung, Heidelberg
Gedruckt auf säurefreiem und chlorfrei gebleichtem Papier
Printed in Germany

ISBN 978-3-8348-1608-5

Vorwort

Dieses Buch stellt ein neues Programmiermodell vor, das für die Entwicklung von eigenen SAP®-Anwendungen verwendet werden kann. Dieses Entwurfsmuster bietet die Möglichkeit, ABAP™-Programme so zu strukturieren, dass diese den Anforderungen einer teamorientierten Entwicklung sowie einer effektiven Wartbarkeit und Erweiterbarkeit gerecht werden. Zusätzlich wird ein objektorientiertes Konzept für eine standardisierte und anwendungsübergreifende Implementierung von ALVs vorgestellt. Dieses Konzept kann unkompliziert und schnell eingesetzt werden und ermöglicht eine generische Auswertung von beliebigen Datentabellen. Im ersten Teil des Buches werden darüber hinaus theoretische Grundlagen der Sprache ABAP™ Objects erläutert. Neben einer übersichtlichen Einstiegshilfe werden vor allem die Konzepte der Objektorientierung sowie deren Ausprägung innerhalb der Sprache ABAP™ Objects diskutiert. Dieses Buch ist kein Referenzkompendium für das Erlernen der vollständigen Programmierung von SAP®-Anwendungen, sondern bewusst als begleitende Literatur und Ergänzung zu bestehenden Werken gedacht.

Inhalte:

- Grundlagen der SAP® Entwicklung und der Sprache ABAP™ Objects
  (Zielgruppe: SAP® Einsteiger)

- Diskussion der Ausprägung und Prinzipien der Objektorientierung innerhalb der Sprache ABAP™ Objects
  (Zielgruppe: SAP® Programmierer, Studenten usw.)

- Vorstellung eines Programmiermodells zur teamorientierten Entwicklung komplexer Applikationen mit Fokus auf Wartbarkeit, Erweiterbarkeit und Kundenorientierung *(Zielgruppe: erfahrene SAP® Programmierer)*

- Vorstellung eines Programmiermodells zur Realisierung von standardisierten und effektiven ALVs, die anwendungsübergreifend und schnell einsetzbar sind *(Zielgruppe: erfahrene SAP® Programmierer*

Inhaltsverzeichnis

1 Einleitung

Der Entwurf großer Softwaresysteme ist eine der großen und technischen Herausforderungen unserer Zeit. Umfang und Komplexität von Software haben mittlerweile Größenordnungen erreicht, die alle bekannten Ansätze und Methoden ihrer Entwicklung an ihre Grenzen bringen. (Rumpe, B. 2004)

Die moderne Softwareentwicklung stellt zweifellos eine beachtliche Herausforderung dar. Dies gilt insbesondere für Projekte von großer Komplexität, die unter hohen Qualitätsansprüchen realisiert werden müssen. Wie in vielen anderen Industriezweigen gilt auch in der Softwareindustrie eine Grundregel: Es führen oftmals mehrere Wege zum Ziel. So bestehen in vielen Fällen unterschiedliche Möglichkeiten, um eine vorliegende Problemstellung erfolgreich zu lösen. Unter diesem Gesichtspunkt erscheint es konsequenterweise als sinnvoll, einen möglichst optimalen Lösungsweg zu finden. Dies ist in der Praxis jedoch nicht immer einfach realisierbar und hängt meist von verschiedenen Kriterien ab. Zu diesen Kriterien zählen unter anderem die vorliegende Anforderungsspezifikation, die Rahmenbedingungen der Entwicklung und die allgemeine Wirtschaftlichkeit.

Eine zentrale Fragestellung, mit der sich die Softwaretechnik[1] befasst, lautet: Wie entwickelt man qualitativ hochwertige Software? Zunächst lässt sich die Qualität von Software anhand verschiedener Qualitätsmerkmale beschreiben. Die typischen Qualitätsmerkmale für Software werden z.B. in der Norm [ISO 9126][2] zusammengefasst (Der Weblink (NORM1) verweist auf die offizielle Seite der *International Organization for Standardization)*.

Für den Entwickler stellt sich konkret die Frage nach der Prioritätsverteilung solcher Merkmale. Eine perfekte Software müsste optimalerweise alle Qualitätsmerkmale in bestmöglicher Weise umsetzen. Das ist in der Praxis aber in den meisten Fällen unmöglich. Für stark sicherheitskritische Systeme, z.B. für

---

[1] Software engineering is an engineering discipline which is concerned with all aspects of software production from the early stages of system specification to maintaining the system after it has gone into use. (Sommerville, I. 2001)

[2] Die Norm ISO/IEC 9126 stellt eines von vielen Modellen dar, um Softwarequalität sicherzustellen. Es bezieht sich ausschließlich auf die Produktqualität und nicht die Prozessqualität. Diese ISO-Norm ist in der Norm ISO/IEC 25000 aufgegangen und wird durch die neue Norm ersetzt (siehe NORM2).

die Steuerungssoftware in einem Flugzeug, haben eine hundertprozentige Stabilität, Korrektheit und Ausfallsicherheit des Systems die oberste Priorität. Ein möglichst gut lesbarer und damit leicht wartbarer Programmcode hingegen ist an dieser Stelle nur von sekundärer Bedeutung. Man könnte nun Lesbarkeit und Wartbarkeit durch die Verwendung einer High-Level Programmiersprache wie Java erhöhen. Gleichzeitig würde man durch einen solchen Schritt allerdings auch eine systemnahe Programmierung verlassen, so dass sich Performanz und Stabilität verringern. Insofern muss sich ein Softwareentwickler in vielen Fällen mit einem gewissen Trade-Off dieser Kriterien auseinandersetzen und Entwicklungsprioritäten gegeneinander abwägen.

Konkretisiert man die Thematik von Software im Allgemeinen auf SAP®-Anwendungen, so steht außer Frage, dass auch hier verschiedene Qualitätsmerkmale unterschiedlich gewichtet werden können. Auch SAP®-Software sollte an erster Stelle korrekt und zuverlässig arbeiten. Darüber hinaus müssen, abhängig davon, wo die Software zum Einsatz kommt, auch Performanz-, Stabilitäts- und Sicherheitskriterien entsprechend berücksichtigt werden. Für die Entwicklerteams von kundenorientierter SAP®-Software rücken darüber hinaus in vielen Situationen besonders zwei entscheidende Aspekte in den Vordergrund: Wartbarkeit und Erweiterbarkeit.

Komplexe Applikationen werden heute zumeist im Team entwickelt. Es gilt, Programme so aufzubauen, dass nicht nur ein einzelner Entwickler diese nachvollziehen kann, sondern auch andere Mitarbeiter effektiv an diesen Programmen mitarbeiten können. Die Herausforderung liegt in diesem Fall in der effektiven Unterstützung einer teamorientierten Entwicklung.

Darüber hinaus müssen Anwendungen über ihre Fertigstellung hinaus meist über große Zeiträume gewartet und weiterentwickelt werden. In vielen Fällen übersteigt die Zeit, die der Wartung einer Software zugute kommt, die eigentliche Entwicklungszeit um ein Vielfaches. Aufgrund dynamischer Wirtschaftsprozesse innerhalb der Industrie muss ein Entwickler stets mit Anforderungsänderungen und häufig wechselnden Kundenwünschen rechnen. Es ist daher von entscheidender Bedeutung, dass Anpassungen der Software auch nachwirkend noch problemlos und wirtschaftlich realisiert werden können.

Ein geeigneter Ansatz, um die Komplexität von Softwaresystemen besser beherrschbar zu machen, liegt in dem Programmierkonzept der *Objektorientierung*. Dieses Prinzip geht eng einher mit der Entwicklung der objektorientierten Programmiersprachen. Die Objektorientierung verfolgt die Zielsetzung, Programme so zu konzipieren, dass diese auch bei steigendem Umfang noch übersichtlich und für den Entwickler gut nachvollziehbar strukturiert werden können. Darüber hinaus bietet sie Konzepte, um die interne Stabilität und Robustheit von Programmen zu verbessern und damit schließlich die Fehlerquote zu verringern. Die drei grundlegenden Aspekte der Objektorientierung liegen in der *Datenkapselung, Vererbung* und *Polymorphie.*[3]

Die Nutzung objektorientierter Programmierkonzepte *kann* dazu beitragen, die Qualität von Software zu verbessern. Insbesondere die Wartbarkeit und Erweiterbarkeit können hiervon erheblich profitieren. Die Analyse objektorientierter Konzepte im Bereich der SAP Entwicklung führt unmittelbar zu der Programmiersprache *ABAP™ Objects[4]*, die das direkte Werkzeug zur objektorientierten Entwicklung innerhalb der SAP Welt bereitstellt.

In den ersten zwei Kapiteln dieses Buches werden sowohl Grundlagen der Sprache ABAP™ als auch in ausführlicher Weise die Ausprägung der Objektorientierung innerhalb dieser Sprache diskutiert. Das erste Kapitel bietet damit vor allem einen Überblick und für SAP-Einsteiger, während das zweite Kapitel einen eher wissenschaftlich-theoretischen Charakter aufweist.

Die anschließenden Kapitel 4 und 5 stellen zwei praxisnahe Programmiermodelle vor, die für die Entwicklung von SAP-Anwendungen verwendet werden können. Das erste dieser Modelle bietet eine Möglichkeit, komplexe SAP-Programme so zu strukturieren, dass diese den Kriterien einer guten Wartbarkeit, Erweiterbarkeit sowie einer teamorientierten Entwicklung gerecht werden. Das zweite Modell bietet eine effektive Möglichkeit zur Implementierung von standardisierten und einfach verwendbaren ALVs.

Dieses Buch ist bewusst nicht als Kompendium oder Referenz zum Erlernen der SAP®-Programmierung gedacht. Hierfür kann z.B. die folgende Fachliteratur empfohlen werden: (Keller, H. 2004) und (Keller, H. 2006). Vielmehr ist dieses Buch als Ergänzung zu bestehender Literatur geeignet. Die ersten beiden Kapitel bieten vor allem einen Überblick in die Welt der objektorientierten SAP Programmierung mit ihren Merkmalen und Vorteilen. Die folgenden Kapitel enthalten hingegen in der Praxis erprobte und effektive Programmiermodelle, die von erfahrenen SAP-Programmierern und Entwicklungsteams für eigene Entwicklungen sowie zur Etablierung von Entwicklungsstandards genutzt werden können.

---

[3] siehe Kap. 3
[4] ABAP ist die SAP-eigene Programmiersprache, die den zentralen Bestandteil der Thematik dieses Buches bildet (siehe Kap. 2 ff.).

2 Eine Einführung in ABAP™ Objects

Dieses Kapitel beginnt damit, einen allgemeinen Überblick über die SAP Softwareentwicklung vorzustellen. Im Anschluss daran werden Merkmale und Bestandteile der SAP-eigenen Programmiersprache ABAP Objects erläutert. Dieses Kapitel richtet sich vor allem an Einsteiger in die Welt der SAP Programmierung.

2.1 SAP®-Softwareentwicklung im Überblick

Dieser Abschnitt vermittelt einen Einstieg über Charakteristika und Besonderheiten von SAP-Systemen.

2.1.1 SAP-Systeme – Einführung und Architektur

Die SAP AG hat ihren Hauptsitz im badischen Walldorf und ist der größte europäische und weltweit viertgrößte Softwarekonzern.[5] Der Tätigkeitsschwerpunkt der SAP AG liegt in der Entwicklung von betriebswirtschaftlicher Software für Unternehmen aller Größenordnungen. Die Anwendungen und Geschäftslösungen der SAP können auch auf spezifische Kundenanforderungen angepasst werden. Klassische Beispiele für die Anwendungsfelder von SAP-Applikationen sind z.B. das Auftragswesen, Fakturisierung oder Produktionsoptimierungen.

Das SAP® R/3® ist eines der wesentlichen Basissysteme der SAP. Es wurde 1992 aus dem Vorgängersystem SAP® R/2® heraus in weiten Teilen neu entwickelt. Es setzt sich unter anderem aus den Modulen *Finance* (FI), *Controlling* (CO), *Materials Management* (MM), *Sales and Distribution* (SD), *Production Planning* (PP), *Plant Maintenance* (PM) und *Human Resources* (HR) zusammen. Die meisten Funktionalitäten, die für SAP-Anwender von Interesse sind, werden durch diese und andere Module abgedeckt. Die Software wird inzwischen durch eine Vielzahl weiterer Produkte ergänzt. Diese Produktgruppe wird *SAP Business Suite* genannt.

---

[5] siehe http://softwaretop100.org

Der sogenannte SAP NetWeaver® Application Server ABAP stellt die Entwicklungs- und Laufzeitumgebung für ABAP-Programme zur Verfügung und basiert auf einer dreistufigen Architektur. Diese besteht aus einer Präsentationsschicht, einer Applikationsschicht sowie einer Datenbankschicht.

Die Präsentationsschicht verteilt sich auf die jeweiligen Endrechner der einzelnen Anwender und stellt die Benutzeroberfläche des ABAP-basierten SAP-Systems bereit (z.B. mittels SAP GUI oder einem Web Browser). Bestehend aus einem oder mehreren Applikationsservern, beinhaltet die Applikationsschicht die für die Ausführung von ABAP-Programmen notwendige ABAP-Laufzeitumgebung. Die Datenbankschicht beschreibt ein Datenbanksystem, das den Datenbestand eines SAP-Systems beinhaltet.[6] Das folgende Diagramm[7] verdeutlicht diese Architektur:

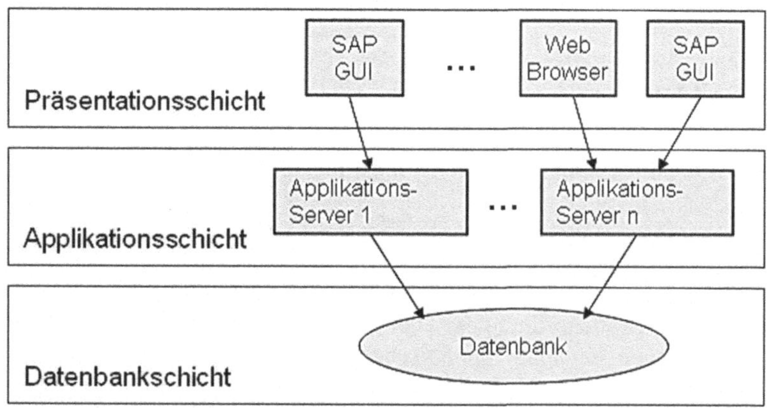

Abbildung 1:   Drei-Schichten-Architektur von SAP-Systemen

Die Schnittstellen zum Datenbanksystem sowie der Applikationsserver sind zu großen Teilen von den Spezifikationen der verwendeten Hardware, der Betriebssysteme oder Datenbankplattformen losgelöst und machen ABAP-Programme weitgehend plattformunabhängig und auf verschiedenen Systemen gleichermaßen lauffähig. Es gibt allerdings Ausnahmen, wie z.B. plattformab-

---

[6] SAP Anwendungen arbeiten üblicherweise mit *MaxDB*-Datenbanksystemen.
[7] basierend auf (Henning, P. 2007)

hängige Zusätze zu den Befehlen der Dateischnittstelle oder eingebundenes Native SQL[8].

Ein weiterer besonderer Aspekt von SAP-Systemen liegt darin, dass diese nach einem OpenSource-ähnlichen Prinzip aufgebaut sind. Das bedeutet, dass der Quelltext aller SAP-Anwendungen, also auch der des SAP Standards, für Entwickler frei einsehbar ist. SAP-Systeme bieten darüber hinaus umfangreiche Debugging-Funktionalitäten, die es ermöglichen, bei der Ausführung von SAP-Applikationen jederzeit den Quellcode stückweise zu durchlaufen und analysieren zu können.

2.1.1.1 Produktiv-, Test- und Entwicklungssysteme

Ein weiteres Merkmal im Zusammenhang mit SAP-Software liegt darin, dass in der Entwicklung für SAP-Applikationen in vielen Unternehmen drei parallele Systeme eingesetzt werden: Ein *Entwicklungssystem*, ein *Testsystem* sowie ein *Produktivsystem*.

Das Produktivsystem bezeichnet in diesem Zusammenhang das System, das von den Endanwendern in der Praxis genutzt wird. Der zuverlässigen Arbeit des Produktivsystems wird oberste Priorität zugemessen, da es für den korrekten Ablauf von Unternehmensprozessen entscheidend ist. Es beinhaltet also alle Anwendungen, die im produktiven Geschäftsbetrieb eingesetzt werden.

Innerhalb des Entwicklungssystems hingegen wird neue Software entwickelt und von den Entwicklern getestet. Es gilt zu berücksichtigen, dass die Datenbestände innerhalb der Entwicklungssysteme oftmals nur aus Testdaten bestehen und in ihren Umfängen nicht mit realen Datenbeständen zu vergleichen sind. Hieraus kann die Problematik entstehen, dass ein Programm, das innerhalb des Entwicklungssystems performant arbeitet, in Verbindung mit produktiven (und meist um ein Vielfaches größeren) Datenbeständen möglicherweise nicht mehr flüssig und effizient funktioniert.

Aus diesem Grund wird zusätzlich ein Testsystem verwendet, dessen Datenbestände häufig direkte Kopien (bzw. *Spiegelungen*) der Produktivdaten sind. Das Testsystem bietet somit Entwicklern, Anwendern und Kunden die Möglichkeit,

---

[8] Für den Zugriff auf relationale Datenbanktabellen, die im ABAP-Dictionary definiert sind, wird durch Open SQL eine direkt in die Sprache eingebundene Untermenge von Standard SQL bereitgestellt. Bei Bedarf kann auch Native SQL für datenbankspezifische SQL-Anweisungen verwendet werden. Mittels objektorientierter Klassen und Interfaces können auch persistente Objekte auf einer Datenbank gespeichert werden.

eine neue Applikation unter nahezu realen und produktiven Bedingungen zu testen. Erst wenn eine Anwendung durch ausgiebiges Testen im Testsystem für funktionsfähig befunden wurde, wird diese schließlich in das Produktivsystem transportiert[9].

2.1.2 Das SAP®-Addon

Ein *Addon* ist eine (meist optionale) Erweiterung für eine bereits bestehende Software. Auch in der Welt der SAP-Softwareentwicklung spielt dieser Begriff eine tragende Rolle. Die SAP stellt eine Vielzahl betriebswirtschaftlicher Anwendungen bereit, die von verschiedenen Kunden und Unternehmen mit unterschiedlichen Präferenzen genutzt werden. Die Anpassung von generalisierten Anwendungen an individuelle Anforderungen wird als *Customizing* bezeichnet. Auf diese Weise lassen sich die meisten SAP-Anwendungen auf die Bedürfnisse der jeweiligen Unternehmen und Kunden abstimmen und bieten grundsätzlich verschiedene Konfigurationsoptionen.

In vielen Situationen benötigt ein Unternehmen darüber hinaus jedoch noch weiterführende Funktionalitäten in Programmen, die sich allein durch Customizing nicht realisieren lassen. In solchen Fällen muss die bestehende Standardsoftware erweitert bzw. ergänzt werden. Man spricht in diesem Fall von einem *SAP-Addon*. Es handelt sich damit um ein Programm, das im Rahmen der originalen SAP-Software lauffähig ist und weiterführende Funktionalitäten bereitstellt. Inwieweit das Addon noch mit dem Standard zusammenhängen muss, ist nicht klar definiert. Da aber auch komplette Eigenentwicklungen mit ABAP nicht ohne SAP-Standardsoftware lauffähig sind, kann selbst dann noch von einem SAP-Addon gesprochen werden, wenn man eine eigenständige SAP-Anwendung entwickelt. Insofern kann man durchaus alle Applikationen, die nicht von der SAP AG selbst zur Verfügung gestellt werden, als SAP-Addons bezeichnen.

Innerhalb von SAP-Systemen werden *Namensräume* verwendet, um in der Vielzahl an Transaktionen und Applikationen eine gewisse Übersichtlichkeit und einen Freiraum für eigene Entwicklungen zu wahren. Wenn z.B. eine Firma eine eigene SAP-Applikation entwickelt und hierfür einen beliebigen Namensraum wählen würde, ist die Wahrscheinlichkeit groß, dass sich dieser Namensraum mit dem des SAP Standards überlagert oder die SAP irgendwann in der Zukunft ein Update herausbringt, das diesen Namensraum beansprucht. Um die Über-

---

[9] Man spricht in der SAP Entwicklung von *Transport*, wenn eine Anwendung von einem System in ein anderes verschoben bzw. kopiert wird.

sichtlichkeit und vor allem die korrekte Funktion eines SAP-Systems zu gewährleisten, sollte stets eine klare Trennung zwischen dem Standard und sämtlichen Eigenentwicklungen vollzogen werden. Für kundenspezifische Addons ist in SAP-Systemen daher ein eigener Namensraum reserviert, der mit dem Buchstaben *Z* gekennzeichnet ist. Es ist für besonders große Projekte allerdings möglich, auf einem kommerziellen Weg einen eigenen Namensraum bei der SAP AG zu beantragen.

Im Umfeld der SAP-Entwicklung ist auch der Begriff der *Modifikation* von Bedeutung. Eine Modifikation beschreibt eine Änderung des SAP Standards und sollte nicht mit einem Addon verwechselt werden. Im vorherigen Abschnitt wurde bereits erläutert, dass auch der Quellcode von SAP-Anwendungen eingesehen und verändert werden kann, die zum SAP Standard gehören. Derartige Änderungen am Standard sind in der Praxis aber normalerweise nicht zu empfehlen, da der Standard meist mit einer Vielzahl anderer Systemelemente verzahnt ist und Änderungen an dieser Stelle sehr weitreichende und kritikale Auswirkungen haben können. Wird z.B. ein Schlüsselelement verändert, das von vielen Anwendungen genutzt wird, kann dies im schlimmsten Fall zu einer Instabilität und Fehlfunktion des gesamten Systems führen. Es ist daher im Rahmen von sauber programmierten SAP-Anwendungen üblich, nur lesend auf Datentabellen des Standards zuzugreifen und Schreibzugriffe und Änderungen nur über speziell definierte Bausteine und Schnittstellen zu verarbeiten.[10] Auf diese Weise kann auch nach einem Systemupdate die korrekte Funktion und Konsistenz eines Systems sichergestellt werden. Ein typisches SAP-Addon sollte daher dieses Prinzip konsequent umsetzen und von Modifikationen absehen.

2.1.3 Modellierung mit UML

Modellbildung erlaubt es, wichtige Eigenschaften und Aspekte eines zu analysierenden oder zu erstellenden Softwaresystems gezielt modellhaft darzustellen. Ein Anliegen dabei ist eine angemessene Abstraktion, die zu einer Komplexitätsreduktion und einer besseren Beherrschbarkeit von Softwaresystemen führt. (Rumpe, B. 2004)

---

[10] Diese Bausteine bzw. Schnittstellen werden in SAP Systemen durch Funktionsbausteine realisiert (siehe Kap. 2.2.2 und Kap. 3.1).

In Form der *Unified Modelling Language* (kurz UML) wurde von der *Object Management Group*[11] eine standardisierte Sprache für die Modellierung von Softwaresystemen entwickelt, die es erlaubt, Zusammenhänge, Strukturen und Abläufe in Form verschiedener Diagrammtypen einheitlich dazustellen. Die UML hat sich zu einem essentiellen Werkzeug zur Konzeption, Modellierung und Dokumentation von Softwaresystemen entwickelt.[12]

Da die Syntax und Notation der UML nicht an eine bestimmte Programmiersprache gebunden ist, lässt sie sich für die Modellierung beliebiger objektorientierter Programmiersprachen einsetzen und somit auch für ABAP Objects. In den folgenden Kapiteln und Abschnitten dieses Werks wird die UML für die modellhafte Abbildung von Programmstrukturen verwendet.

2.2 Entwicklung der Sprache ABAP™ Objects

ABAP (Advanced Business Application Programming) ist eine von SAP entwickelte Programmiersprache, die für die Programmierung kommerzieller Anwendungen im SAP Umfeld entwickelt wurde. (Keller, H. 2006)

Die Programmiersprache ABAP wurde beginnend im Jahr 1982 von der SAP entwickelt, um den Anforderungen der betriebswirtschaftlichen SAP-Applikationen gerecht zu werden. Damit ist ABAP speziell für die Entwicklung von SAP-Anwendungen ausgelegt und optimiert. Die Sprache wird sowohl von der SAP selbst als auch von externen Entwicklern und Kunden für die Erstellung von SAP-Applikationen verwendet. Einige der Kernfunktionalitäten von ABAP sind die Zugriffe und Änderungen von Datenbanken oder die gezielte Auswertung und Analyse von Daten.

Hinsichtlich des reinen Sprachumfangs, also der Frage, wie viele Schlüsselwörter vorhanden sind, tut sich zwischen ABAP und Java ein himmelweiter Unterschied auf. Während Java ca. 50 Schlüsselwörter hat, bietet ABAP mehr als 700! (Keller, H. 2006)

---

[11] Die Object Management Group (OMG) ist ein 1989 gegründetes Konsortium, das sich mit der Entwicklung von Standards für die herstellerunabhängige systemübergreifende Objektorientierte Programmierung beschäftigt. Der OMG gehörten zur Gründung elf Unternehmen, darunter IBM, Apple und Sun an. Mit Microsoft trat im September 2008 ein weiterer Hauptakteur im Softwaregeschäft der OMG bei. Mittlerweile hat sie über 800 Mitglieder und entwickelt international anerkannte Standards. Der Hauptsitz befindet sich in Needham, Massachusetts.
[12] Weiterführende Informationen über die UML sind in den Literaturverweisen OMG, Oesterreich, B. 1999 und Rumpe, B. 2004 nachzulesen.

Seit ihrer Entstehung wurde die Sprache immer wieder weiterentwickelt und an die Anforderungen moderner Arbeitsprozesse angepasst. Mittlerweile hat sich ABAP zu einer hybriden Sprache entwickelt, die sowohl die Konzepte der prozeduralen als auch der objektorientierten Programmierung unterstützt. Die objektorientierte Komponente von ABAP wird auch als *ABAP Objects* bezeichnet. Es handelt sich dabei allerdings nicht um eine neue und eigenständige Sprache, sondern um eine Erweiterung, die eng mit dem prozeduralen ABAP verbunden ist und parallel dazu verwendet werden kann.

Aufgrund der großen Verbreitung von SAP-Systemen in der industriellen Praxis wurde bei der Weiterentwicklung des ABAP Sprachkonstrukts stets auf die Erhaltung der Abwärtskompatibilität geachtet. Als Folge dieser Tatsache ist ABAP heute eine vielschichtige und umfangreiche Sammlung von Instruktionen, die sowohl moderne als auch einige obsolete Konzepte und Funktionen in sich vereint.

> Der Grund hierfür ist, dass ABAP mit mehr als 200 Millionen Zeilen produktiven Anwendungscodings weltweit bei SAP Kunden im Einsatz ist und dass SAP den Kunden garantiert, dass dieses Coding auch unter neuen Versionen der Sprache ausführbar bleibt. Leider wird dieser Umstand oft auch dahingehend missbraucht, dass in Neuentwicklungen nach wie vor veraltete Sprachkonstrukte eingesetzt werden. (Keller, H. 2006)

Es ist erkennbar, dass ABAP Objects im Vergleich zu vielen anderen objektorientierten Programmiersprachen aufgrund der reinen Auslegung auf SAP-Anwendungen stark spezialisiert ist. Da die SAP AG jedoch zu den weltweit führenden Anbietern betriebswirtschaftlicher Software zählt, lässt sich ABAP aufgrund ihrer Verbreitung durchaus in die Riege der bedeutenden und großen objektorientierten Programmiersprachen einreihen.

Im Vergleich zu Java bietet eine kommerziell eingebettete Sprache wie ABAP Objects nicht die Möglichkeit, auf eine frei verfügbare Auswahl an Bibliotheken zurückzugreifen. Insofern ist man in der Entwicklung von ABAP-Programmen in einigen Bereichen etwas eingeschränkter, was die Flexibilität in der Strukturierung einer Anwendung betrifft. Um z.B. eine grafische Oberfläche zu realisieren, muss normalerweise die von ABAP bereitgestellte Dynpro-Technologie eingesetzt werden.[13] Es gilt somit zu berücksichtigen, dass die technischen

---

[13] Es gibt neben Dynpro-Technologie auch alternative GUI-Lösungen, wie z.B. das browserbasierte *Web-GUI* bzw. *Web-Dynpro*. Insgesamt sind ABAP Entwickler allerdings im Vergleich zu Java oder C++ etwas eingeschränkter in der Auswahl ihrer Werkzeuge.

Rahmenbedingungen für den Aufbau von ABAP-Programmen gewisse Vorgaben für die Wahl der möglichen Programmarchitektur festlegen.

ABAP ist also eine umfangreiche proprietäre Sprache, die von SAP genau für die von ihr ausgelieferte Business-Software maßgeschneidert wurde und die sich gemäß den Anforderungen dieser Software weiterentwickelt. Java ist dagegen eine schlanke Sprache, deren Umfang von einer großen Community in Form von Bibliotheken in verschiedenste Richtungen ausgebaut werden kann und wo die Erstellung von Business-Software nur eine von vielen möglichen Anwendungen darstellt. (Keller, H. 2006)

Wenn im folgenden Verlauf dieses Buches von *ABAP* die Rede ist, schließt dieser Begriff auch automatisch ABAP Objects mit ein, da ABAP Objects die objektorientierte Komponente der Sprache ABAP bezeichnet.

2.3 Aufbau von ABAP™-Programmen

Jedes eigenständige ABAP-Programm besteht aus einer programmeinleitenden Anweisung und einem globalen Deklarationsteil. Je nach Programmtyp können sich hieran verschiedene Verarbeitungsblöcke anschließen. (Henning, P. 2007)

Für die Programmierung eines ABAP-Programms stehen verschiedene Programmtypen zur Auswahl. In Abhängigkeit dieses Typs können auf einen Deklarationsteil verschiedene Arten von Verarbeitungsblöcken, wie Prozeduren oder Ereignisblöcke, folgen. Der Aufbau eines ABAP-Programms hängt somit von seinem Programmtyp ab. In ABAP stehen die folgenden Programmtypen zur Verfügung:

- **Report**   *kleinere ausführbare Anwendungen*
- **Modulpool**   *größere modulare Anwendungen*
- **Funktions- und Typgruppen**   *globale Funktionen und Typen*
- **Globale Klassen und Interfaces** *Klassenstrukturen*

Eine *programmeinleitende* Anweisung ist ein Schlüsselwort, das die Art des Programms bestimmt. Der *Deklarationsteil* enthält unter anderem globale Variablen, Typendefinitionen sowie Auflistungen der verwendeten Datenbanktabellen. *Verarbeitungsblöcke* beschreiben Prozeduren, Dialogmodule und Ereignisblöcke (dazu später mehr).

Für die Entwicklung von ausführbaren Anwendungen werden normalerweise entweder *Reports* (Schlüsselwort REPORT) oder *Modulpools* (Schlüsselwort PROGRAM) verwendet. Allgemein eignen sich Reports gut für kleinere Applikationen, z.B. Auswertungstools oder kurze operative Programme. Modulpools eigenen sich hingegen besonders für größere Projekte, die aufgrund ihrer Komplexität einen strukturierten und modularen Programmaufbau erfordern.

Funktions- und Typgruppen sowie globale Klassen und Interfaces stellen erweiternde Konzepte dar, die in späteren Abschnitten erläutert werden. In Kapitel 6 wird darüber hinaus eine praktische Implementierung des Konzeptes der globalen Klassen erarbeitet und vorgestellt.

2.4 Ablauflogik in ABAP™-Programmen

Die Steuerung der Ablauflogik in ABAP Programmen hängt von der Art des Programmtyps ab. In einem Report werden einzelne Ereignisblöcke verwendet, in Modulpools werden Dialogmodule eingesetzt.

2.4.1 Ablauflogik in Reports (Ereignisblöcke)

Für die Strukturierung der Ablauflogik in Reports werden *Ereignisblöcke* verwendet. Diese werden durch bestimmte und festgelegte Ereignisse innerhalb der Laufzeitumgebung in vordefinierter Reihenfolge ausgelöst. Sie sind nicht mit den speziellen Dynpro-Ereignissen PBO und PAI zu verwechseln, die im folgenden Abschnitt erläutert wurden. Ereignisblöcke werden dazu verwendet, verschiedene Abschnitte innerhalb der Programmlaufzeit zu implementieren. Einige typische Ereignisblöcke sind z.B.:

▪ INITIALIZATION	*Programmstart*
▪ AT SELECTION-SCREEN	*Selektionsbildereignisse*
▪ AT USER-COMMAND	*Benutzerinteraktion*

Das folgende Code-Segment zeigt eine mögliche Implementierung mit Ereignisblöcken:

```
INITIALIZITION.
  a = 0.
  b = 0.
AT SELECTION-SCREEN.
  a = 1
  b = 2
AT USER-COMMAND.
  a = a + b.
```

Bis auf wenige Ausnahmen[14] ist die lokale Deklaration von Datentypen und Parameterübergabe innerhalb von Ereignisblöcken nicht möglich. Daher sollten Ereignisblöcke bei größeren Anwendungen im Sinne eines modernen und sauberen Programmierstils nicht für die Kapselung von Funktionen verwendet werden, sondern andere Verarbeitungsblöcke aufrufen.

2.4.2 Ablauflogik in Modulpools (PBO und PAI)

Die Ablauflogik in Modulpools wird mit Hilfe der Ereignisblöcke PROCESS BEFORE OUTPUT (kurz PBO) und PROCESS AFTER INPUT (kurz PAI) definiert. Diese Ereignisblöcke werden innerhalb eines *Dynpros* implementiert. Ein Dynpro ist ein Bildschirm bzw. GUI (Graphical User Interface) innerhalb eines ABAP Programms und kann verschiedene Anzeigeelemente enthalten.[15] Für jedes Dynpro muss eine eigene Ereignislogik implementiert werden. Um die eigentliche Programmfunktionalität zu implementieren, müssen innerhalb der Blöcke PBO bzw. PAI sogenannte *Dialogmodule* aufgerufen werden. Das folgende Code-Segment zeigt ein einfaches Beispiel einer typischen Ablauflogik innerhalb eines Dynpros:

```
PROCESS BEFORE OUTPUT.
  MODULE pbo.

PROCESS AFTER INPUT.
  MODULE pai.
```

---

[14] Die Ereignisblocke AT SELECTION SCREEN.. und GET.. sind intern als Prozeduren implementiert und können lokale Daten enthalten. (Keller, H. 2004)
[15] siehe auch Kap. 2.5.2

Das Beispiel zeigt die beiden Ereignisblöcke PROCESS BEFORE OUTPUT und PROCESS AFTER INPUT. Innerhalb dieser Ereignisblöcke werden über die Anweisung MODULE die Module pbo und pai aufgerufen. In diesen Dialogmodulen wird die eigentliche Funktionalität implementiert.

Es ist an dieser Stelle nicht möglich, anstelle dieser Dialogmodule andere Verarbeitungsblöcke wie Prozeduren (Unterprogramme, Methoden usw.) zu verwenden. Dieser Umstand stellt eine gewisse Einschränkung für die konsequente Umsetzung eines modularen Programmaufbaus dar. Der Grund hierfür ist, dass innerhalb von Dialogmodulen keine lokalen Datentypen und -objekte deklariert werden können und auch eine Parametersteuerung nicht erlaubt ist. Dieser Umstand ist allerdings nicht weiter störend, da innerhalb des Implementierungsteils der Dialogmodule wieder beliebige Prozedurtypen, wie z.B. Unterprogramme oder Methoden, verwendet werden können.[16]

Für die Nachvollziehbarkeit von Modulpools bzw. dynprobasierten ABAP-Programmen ist das Verständnis der Ablauflogik rund um PBO und PAI von zentraler Bedeutung. Der PBO-Block wird immer dann ausgeführt, wenn ein Dynpro gestartet bzw. geladen wird. Dies ist in der Praxis normalerweise dann der Fall, wenn ...

- ein Programm zum ersten Mal gestartet wird;
- innerhalb des Programms in ein anderes Dynpro gewechselt oder das aktuelle Dynpro neu geladen wird;
- ein PAI-Ereignis ausgelöst wurde. Das aktuelle Dynpro wird nach dem Auslösen von solchen Ereignissen stets neu ausgeführt.

Der PAI-Block hingegen wird immer nach einer (definierten) Benutzerinteraktion ausgeführt. Dies können z.B. Eingaben mit der Maus oder Tastatur sein. Ein entscheidender Punkt in dieser zunächst simplen Logik ist die Tatsache, dass nach der Ausführung des PAI-Blocks auch der PBO-Block immer im Anschluss ausgeführt wird (das Dynpro wird sozusagen neu geladen). Das folgende UML-Aktivitätsdiagramm verdeutlicht diese Ablauflogik:

---

[16] Diese Problematik wird auch in dem in Kapitel 4 beschriebenen Modell berücksichtigt.

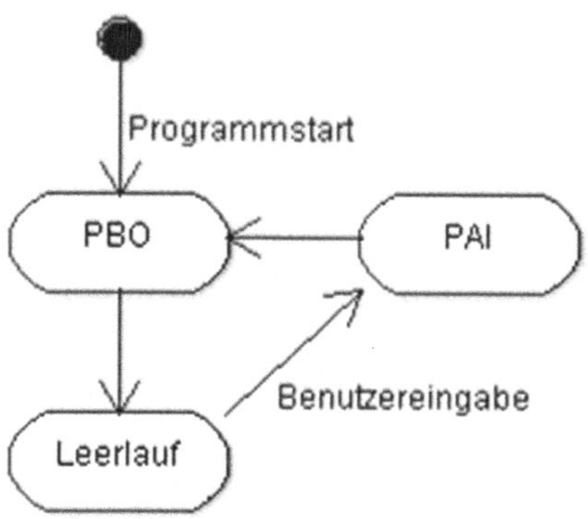

Diese Ablauflogik stellt einen Entwickler vor die Aufgabe, Programmfunktionen sinnvoll auf PBO- und PAI-Module aufzuteilen. Dies mag zunächst einfach
erscheinen, kann jedoch in komplexen Anwendungen zu einer Herausforderung
werden. Ein kurzes Beispiel soll diese Problematik verdeutlichen:

```
MODULE pbo OUTPUT.
  x = 1.
ENDMODULE.

MODULE pai INPUT.
  x = x + 1.
ENDMODOULE
```

Welchen Wert besitzt die Variable x nach einer Benutzereingabe?

In diesem Beispiel wird die Variable x zunächst im PBO-Modul auf 1 gesetzt
(bzw. initialisiert). Innerhalb des PAI-Moduls wird die Variable x um 1 erhöht.
Das bedeutet, dass x nun den Wert 2 besitzt. Da allerdings nach der Ausführung
des PAI-Blocks auch der PBO-Block erneut ausgeführt wird, wird die Variable x
in diesem Block wieder auf 1 gesetzt. Also hat x am Ende der Ablauflogik, also
im Leerlaufblock, wieder den Wert 1.

Hat ein Entwickler diese Ereignislogik nicht berücksichtigt, könnte ihn an dieser
Stelle irritieren, dass x nicht den Wert 2 besitzt. Natürlich handelt es sich hierbei um ein sehr einfaches Beispiel. In komplexeren Programmstrukturen kann
diese Ablauflogik jedoch durchaus zu komplexen Problemsituationen führen,
die nicht immer derart trivial erkennbar sind.

Wie können wir nun in unserem einfachen Beispiel erreichen, dass die Variable x einerseits mit dem Wert 1 initialisiert wird, andererseits aber auch nachhaltig verändert werden kann? Eine mögliche Lösung zeigt die folgende Implementierung, die trotz des sehr simplen Beispiels schon deutlich komplexer geworden ist:

```
MODULE pbo OUTPUT.
  IF NOT y = 1.
    x = 1.
  ENDIF.
  y = 1.
ENDMODULE.

MODULE pai INPUT.
  x = x + 1.
ENDMODOULE
```

Dieses Beispiel verwendet eine zusätzliche Hilfsvariable y, die dazu verwendet wird, dass x nur beim ersten Programmstart auf 1 gesetzt wird. Sobald x einmal initialisiert wurde, wird y auf 1 gesetzt und der IF-Block wird fortan nicht mehr ausgeführt.

Hierbei handelt es sich natürlich nur um *eine mögliche* Lösung für diese Problematik. Der entscheidende Punkt liegt darin, dass es für Konzeption, Analyse und Verständnis komplexerer ABAP-Anwendungen wichtig ist, diese Ablauflogik in der Denk- und Betrachtungsweise solcher Applikationen zu verinnerlichen.

2.5 Komponenten und Grundelemente von ABAP™

In diesem Abschnitt werden weitere zentrale Programmbausteine und Elemente der Sprache ABAP beschrieben.

2.5.1 Prozeduren

Unter dem Begriff der Prozeduren lassen sich in ABAP drei Programmelemente vereinen: *Methoden, Unterprogramme* und *Funktionsbausteine*.

Methoden sind allein im objektorientierten Kontext innerhalb von Klassen verwendbar. Sie sind vergleichbar mit den Methoden, wie sie auch in anderen objektorientierten Programmiersprachen (wie z.B. Java oder C++) zum Einsatz kommen.[17] Methoden spielen eine entscheidende Rolle in dem in Kapitel 4 vorgestellten Architekturmodell und werden dort ausführlich diskutiert.

Funktionsbausteine werden in SAP-Systemen innerhalb sogenannter *Funktionsgruppen* angelegt und können von allen Anwendungen global genutzt werden. Innerhalb einer Funktionsgruppe können Variablen deklariert werden, auf die lediglich die Funktionen dieser Funktionsgruppe zugreifen können. Viele Standardfunktionen innerhalb von SAP-Systemen werden in Form von Funktionsbausteinen implementiert. Sie dienen damit z.B. auch als Schnittstellen, um (Schreib-) Zugriffe auf SAP Standard-Tabellen auszuführen.[18] Manuell sollte auf diese Datenbanken nur *lesend* zugegriffen werden. In Kapitel 3.1 werden das Konzept der Funktionsbausteine und die damit einhergehende Möglichkeit zur Datenkapselung ausführlich erläutert.

Unterprogramme werden für die interne Modularisierung von Programmen verwendet. Sie werden im Programm selbst über das Schlüsselwort FORM definiert und können von beliebigen Stellen innerhalb einer Anwendung aufgerufen werden. Sie ermöglichen eine modulare Programmstrukturierung innerhalb der prozeduralen Komponente von ABAP.

Alle dieser drei Prozedurtypen können lokale Variablen und Datenobjekte deklarieren und mit Parametern arbeiten. Während Funktionsbausteine bevorzugt für die globale Bereitstellung allgemeiner Funktionen verwendet werden, dienen Unterprogramme vor allem einer programminternen Modularisierung. Methoden hingegen sind ein objektorientiertes Konzept und können nur innerhalb von Klassen verwendet werden. Methoden bieten einige Vorteile gegenüber der Verwendung von Unterprogrammen. Zum Beispiel kann eine Methode selbst einen direkten Rückgabewert liefern und bietet eine verbesserte Syntaxprüfung. Das im vierten Kapitel dieses Buches vorgestellte Programmiermodell nutzt diese Vorteile von Methoden.

---

[17] Der Begriff Methode beschreibt die systematische Vorgehensweise zur Erreichung eines bestimmten Ziels (griech. methodos). (Balzert, H. 2005)

[18] Solche Funktionsbausteine werden auch als *BAPIs* bezeichnet. BAPIs sind standardisierte Schnittstellen, die Entwicklern und Kunden den Zugriff und die Integration von Komponenten des SAP Standards ermöglichen.

2.5.2   Dynpros

Ein *Dynpro* bezeichnet einen Bildschirm bzw. ein GUI (Graphical User Interface) innerhalb eines Programms und kann verschiedene grafische Anzeigeelemente enthalten. Dynpros können, abhängig vom Programmtyp, entweder mit dem *Screen-Painter*[19] von Hand erstellt werden (in Modulpools) oder auch automatisch aus dem Programmcode generiert werden (in Reports). Generierte Dynpros bieten weniger Möglichkeiten für eine Layoutgestaltung und beschränken sich in den meisten Anwendungen auf Selektions- und Eingabemasken. Dynpros enthalten außerdem die Ablauflogik für Modulpools (siehe Kap. 2.4).

2.5.3   Dialogmodule[20]

Dialogmodule sind Verarbeitungsblöcke von Modulpools, die innerhalb von Dynpros in den Blöcken PROCESS BEFORE OUTPUT und PROCESS AFTER INPUT aufgerufen werden. Sie besitzen selbst keine Parameterschnittstelle oder lokale Datendeklarationen, können ihrerseits aber beliebige andere Verarbeitungsblöcke aufrufen. Der Implementierungsteil eines Dialogmodules beginnt mit der Anweisung MODULE und endet mit der Anweisung ENDMODULE. PBO-Module werden mit dem Zusatz INPUT versehen, PAI-Module mit dem Zusatz OUTPUT.

```
MODULE PBO_Modul OUTPUT.
  ...
ENDMODULE.

MODULE PAI_Modul INPUT.
  ...
ENDMODOULE
```

2.5.4   Interne Tabellen und Strukturen

Interne Tabellen gehören zu den wichtigsten und meistgenutzten Datenstrukturen, die in ABAP Verwendung finden. Durch die betriebswirtschaftliche Aus-

---

[19] Der Screen-Painter ist ein Werkzeug innerhalb der ABAP-Entwicklungsumgebung zur Erstellung von Dynpros. Er erinnert teilweise an die Entwicklungsumgebungen anderer visueller Programmiersprachen wie Delphi.

[20] siehe auch Kap. 2.4

prägung von SAP-Software gibt es kaum ein ABAP-Programm, das nicht in irgendeiner Form mit Datenbanktabellen arbeiten muss. Interne Tabellen stellen hierfür einen geeigneten Datentyp bereit, der für die programminterne Verarbeitung von (tabellarischen) Daten verwendet wird. Sollen Informationen einer Datenbank ausgelesen werden, müssen diese zunächst in eine interne Tabelle geschrieben werden. Soll hingegen eine Datenbank um neue Datensätze ergänzt werden, müssen diese Daten zunächst in Form einer internen Tabelle gespeichert werden, bevor sie in die Datenbank übertragen werden können. In diesem Zusammenhang kann auch erwähnt werden, dass es in ABAP keine Arrays gibt. Interne Tabellen bieten jedoch eine geeignete Alternative.

Ein weiteres essentielles Datenmodell in ABAP sind *Strukturen*. Eine Struktur ist im Prinzip nichts anderes als eine Tabelle mit nur einer Zeile, also eine flache Datenstruktur. Sie ist vergleichbar mit den Strukturen, wie sie z.B. auch in C++ zum Einsatz kommen. Es handelt sich um abgeleitete Datentypen, die sich aus einfachen Grundtypen zusammensetzen. Eine besondere Bedeutung kommt den Strukturen in ABAP allerdings dadurch zugute, dass diese für die Operationen mit internen Tabellen notwendig sind. Typische Operationen für interne Tabellen sind z.B. das Anhängen von Datensätzen an die Tabelle, das Löschen von Datensätzen oder auch die Iteration über die gesamte Tabelle. Für diese Operationen werden Strukturen benötigt. Im Folgenden werden einige typische Operationen mit internen Tabellen erläutert.

- **Deklaration** einer internen Tabelle sowie einer Struktur gleichen Typs:

```
DATA: it_table TYPE REF TO xy     " interne Tabelle
      is_table TYPE xy            " Struktur
```

- **Iteration** über die interne Tabelle:

```
LOOP AT it_table INTO is_table
  ...
ENDLOOP.
```

Es ist zu beachten, dass die Iteration über eine interne Tabelle die Verwendung einer Struktur benötigt, da innerhalb der Iterationsschleife mit der angegebenen Struktur gearbeitet werden muss. Die Struktur `is_table` beinhaltet in diesem Fall immer den aktuellen Datensatz der Iterationsschleife.

- **Anfügen** von Datensätzen:

```
APPEND is_table to it_table.
```

Der Datensatz in der Struktur `is_table` wird an die interne Tabelle `it_table` angehängt.

- **Löschen** von Datensätzen:

```
DELETE is_table FROM it_table
   WHERE ...
```

Das Löschen erfolgt über eine definierte WHERE-Bedingung.

Die hier angeführten Code-Segmente basieren auf dem Konzept der internen Tabellen ohne Kopfzeile und erfordern die Verwendung einer separaten Struktur. Interne Tabelle und Struktur sollten normalerweise vom gleichen Typ sein, Ausnahmen sind jedoch möglich. In diesem Zusammenhang muss erwähnt werden, dass ABAP hierfür noch weitere, veraltete Alternativen bereitstellt. Eine dieser Alternativen liegt in der Verwendung von internen Tabellen mit Kopfzeile. Hierbei handelt es sich im Prinzip um interne Tabellen, die bereits eine eigene Struktur für ihre Datenoperationen in Form einer Kopfzeile mitbringen. Hier handelt es sich jedoch um ein älteres Konzept, das zu einem undurchsichtigen Quellcode führen kann, da es innerhalb eines Programmkontextes nicht immer auf den ersten Blick erkennbar ist, ob es sich um eine interne Tabelle mit oder ohne Kopfzeile handelt. Entscheidend ist aber, dass beide Tabellenarten einer unterschiedlichen Syntax unterliegen und auf verschiedene Weise behandelt werden müssen. Die Vermischung beider Konzepte ist daher alles andere als empfehlenswert und kann das Verständnis eines Quellcodes erheblich erschweren. Im Rahmen des objektorientierten Programmiermodells ist das Konzept der internen Tabellen mit Kopfzeile daher bereits nicht mehr verwendbar, um diese Problematik zu vermeiden.

2.6 Zusammenfassung

In diesem Kapitel wurden einige wesentliche Elemente und Charakteristika der Sprache ABAP sowie der SAP-Entwicklung im Allgemeinen vorgestellt und erläutert:

- Merkmale von SAP-Systemen (Architektur, Test- und Produktivsysteme)
- Aufbau und Ablauflogik von ABAP-Programmen
- Komponenten und Bausteine von ABAP

Es handelt sich hierbei ausschließlich um einen groben Überblick. Weiterführende und detaillierte Informationen zur Programmierung mit ABAP bieten die Literaturverweise (Keller, H. 2004) sowie (Keller, H. 2006).

Das folgende Kapitel diskutiert die Ausprägung der Konzepte der Objektorientierung innerhalb der Sprache ABAP.

3 Die Konzepte der Objektorientierung in ABAP™ Objects

> Die objektorientierten Konzepte von ABAP Objects unterscheiden sich im Wesentlichen nicht von denen anderer moderner objektorientierter Sprachen wie C++ oder Java. Einige wenige Konzepte, die sich dort nicht bewährt haben, sind konsequenterweise nicht für ABAP Objects übernommen worden. Andererseits bietet ABAP Objects aber auch komfortable Sprachelemente, die es in dieser Form in C++ und Java nicht gibt. (SAP 2007)

In diesem Kapitel werden die Ausprägung und die Umsetzung der wesentlichen Konzepte und Prinzipien der Objektorientierung innerhalb der Sprache ABAP Objects analysiert. In diesem Rahmen werden außerdem Unterschiede gegenüber den prozeduralen Programmiertechniken von ABAP sowie anderen objektorientierten Programmiersprachen herausgearbeitet.[21] Für diese Vergleiche werden die Sprachen Java, C++ und C\# hinzugezogen. Die folgenden Abschnitte befassen sich also mit der theoretischen Auseinandersetzung mit ABAP Objects als Sprache der Objektorientierung. Dieses Kapitel ist gleichermaßen für Einsteiger und fortgeschrittene Entwickler geeignet. Darüber hinaus ist es insbesondere für ABAP-Entwickler empfehlenswert, die bisher noch keine oder nur wenig Erfahrung mit objektorientierten Konzepten besitzen.

Die drei wesentlichen Grundprinzipien der Objektorientierung liegen in der *Datenkapselung*, der *Vererbung* sowie der *Polymorphie*. Diese elementaren Bestandteile sind signifikant für den Begriff der Objektorientierung, der unter anderem besonders von Alan Kay[22] geprägt wurde. In den folgenden Abschnitten wird die Ausprägung dieser Prinzipien in ABAP Objects behandelt. Neben diesen Grundkonzepten werden auch weiterführende Aspekte der Sprache analysiert.

---

[21] Ein wichtiges Kriterium, das bei der Differenzierung von ABAP gegenüber anderen objektorientierten Sprachen wie Java, C++ oder C\# zu berücksichtigen ist, liegt in der Tatsache, dass ABAP vor allem für betriebswirtschaftliche Szenarien optimiert wurde. Darüber hinaus sind zahlreiche der speziellen Konzepte in ABAP Objects auch durch die Gewährleistung der Abwärtskompatibilität bedingt.

[22] Alan Kay gilt als einer der Väter der objektorientierten Programmierung. Er entwickelte unter anderem die Sprache Smalltalk, die als eine der ersten konsequent objektorientierten Sprachen gilt.

3.1 Datenkapselung

Das Konzept der Datenkapselung zählt zu den Grundelementen der Objektorientierung und basiert auf einer strikten Trennung von Daten und Routinen. Sollen Daten geändert werden, so müssen diese Änderungen über klar definierte Schnittstellen erfolgen. Der Zugriff auf Daten eines Objektes erfolgt damit nicht direkt, sondern über spezielle Methoden, die das Objekt selbst bereitstellt. Das Prinzip der Datenkapselung dient damit in erster Linie der Sicherstellung von Konsistenz und Korrektheit von Programmen.

Ein typischer Weg für die Implementierung einer klassischen Datenkapselung besteht darin, die Attribute oder Methoden eines Objektes vor unerwünschten Zugriffen zu schützen. In den meisten objektorientierten Programmiersprachen kann man dies erreichen, indem man die entsprechenden Attribute und Methoden mit dem Zusatz `private` (oder ähnlich) deklariert. Zugriffe auf die in den Attributen enthaltenen Daten können nunmehr nur noch über Methoden der Klasse bzw. des Objektes gesteuert werden, nicht jedoch von außerhalb. Zugriffe und Änderungen der zu schützenden Attribute werden in diesem Fall in Form von Get- und Set-Methoden implementiert. Ein solcher Aufbau gehört in der Welt der objektorientierten Programmierung mittlerweile zum Standard. Genau wie in Java, C++ oder C\# bietet auch ABAP Objects drei verschiedene Sichtbarkeitsbereiche für die Definition von Attributen und Methoden: `PUBLIC`, `PROTECTED` und `PRIVATE`.

Auch wenn das Prinzip der Datenkapselung zu den wesentlichen Vorteilen objektorientierter Sprachen zählt, erfüllt die Verwendung einer objektorientierten Programmiersprache nicht automatisch den Anspruch einer guten Datenkapselung. Um dieses Konzept zu nutzen, müssen Programme auch entsprechend aufgebaut werden. Es ist daher auch mit objektorientierten Sprachen möglich, Programme ohne jegliche Formen der Datenkapselung zu schreiben.

Die folgenden Abschnitte zeigen, wie mithilfe der objektorientierten Komponente von ABAP Objects eine saubere Datenkapselung erreicht werden kann und welche Vorteile diese bietet. Interessanterweise ist es in ABAP allerdings auch ganz ohne objektorientierte Konzepte möglich, Datenkapselung in Programmen zu implementieren, wie im folgenden Abschnitt erläutert wird.

3.1.1 Die prozedurale Form der Datenkapselung in ABAP™ Objects

Wie bereits zu Beginn des zweiten Kapitels erläutert wurde, stellt ABAP sowohl prozedurale als auch objektorientierte Programmierkonzepte zur Verfügung, die miteinander kombiniert werden können. Die entscheidende Fragestellung liegt nun darin, an welchen Stellen das prozedurale Programmiermodell an seine technischen Grenzen stößt und in welchen Bereichen die Objektorientierung erhebliche Vorteile bei der Strukturierung von Programmen bewirken kann. Die folgenden Abschnitte diskutieren zunächst die Möglichkeiten, Datenkapselung in ABAP ganz ohne objektorientierte Methoden zu ermöglichen.

3.1.1.1 Datenkapselung mit Unterprogrammen

Unterprogramme ermöglichen eine programminterne Modularisierung. Sie werden mit dem Befehl PERFORM aufgerufen und innerhalb der Schlüsselworte FORM und ENDFORM implementiert.

Das folgende Code-Segment zeigt ein typisches prozedurales ABAP-Programm. Es handelt sich um einen einfachen Report zur Geschwindigkeitssteuerung eines Flugzeuges:

```
REPORT zm_airplane.

  DATA: speed type i.
  speed = 0.

  WHILE speed < 10.
    PERFORM accelerate CHANGING speed.
  ENDWHILE.

*-----------------------------------------------------*

  FORM accelerate CHANGING x TYPE i.
    x = x + 1.
  ENDFORM.
```

In diesem Beispiel wird das Unterprogramm accelerate aufgerufen und die Variable speed als Parameter vom Typ CHANGING übergeben. Dieser Formalparameter sorgt dafür, dass die globale Variable speed vom Unterprogramm verändert werden darf. Das Unterprogramm selbst arbeitet mit der lokalen Hilfsvariable x. Der Wert von x wird nach Ausführung des Unterprogramms in die

Variable `speed` geschrieben. Alternativ könnte das Unterprogramm die Variable `speed` allerdings auch direkt verändern.

Die globale Variable `speed` könnte darüber hinaus auch von beliebig anderer Stelle im Programm verändert werden. Zugriffe auf diese Variable können also nicht kontrolliert werden. Im Sinne einer Datenkapselung wünschenswert wäre es allerdings, wenn allein die Methode `accelerate` die Variable ändern dürfte. Es lässt sich daher festhalten, dass mit Unterprogrammen noch keine effektive Datenkapselung realisierbar ist.

3.1.1.2   Datenkapselung durch Funktionsbausteine

Eine weitere Alternative für eine modulare Programmierung bieten *Funktionsbausteine*. Diese sind ebenfalls im prozeduralen Teil von ABAP enthalten und können global innerhalb sogenannter *Funktionsgruppen* definiert werden. Sie sind damit völlig unabhängig von den Programmen, in denen sie eingesetzt werden, und können von beliebigen Anwendungen aufgerufen werden. Im Rahmen dieses Kapitels ist es vor allem interessant, dass Funktionsgruppen und Funktionsbausteine eine Form der Datenkapselung im prozeduralen ABAP ermöglichen.

Innerhalb einer Funktionsgruppe können einerseits Funktionsbausteine mit Hilfe der Schlüsselwörter `FUNCTION` und `ENDFUNCTION` implementiert werden. Darüber hinaus können innerhalb von Funktionsgruppen aber auch Variablen deklariert werden, auf die nur von Funktionen innerhalb der Funktionsgruppe aus zugegriffen werden kann. Diese Daten sind damit vor beliebigen externen Zugriffen geschützt. Auf diese Weise wird das Prinzip einer Datenkapselung ermöglicht.

Das folgende Beispiel illustriert ein mögliches Szenario für den Einsatz von Funktionsgruppen und Funktionsbausteinen. Es handelt sich um ein Flugzeugsteuerungssystem:

```
FUNCTION-POOL s_airplane.

  DATA: speed type i.

  FUNCTION get_speed.
    exp_speed = speed.
  ENDFUNCTION.

  FUNCTION accelerate.
    speed = speed + 1.
  ENDFUNCTION.
...
```

Die Funktionsgruppe s_airplane bietet in diesem Beispiel die Funktionen get_speed und accelerate. Diese Dienste bilden die Schnittstelle zu der Funktionsgruppe und ermöglichen den Zugriff auf die darin definierten Datenobjekte, wie in diesem Fall auf die Variable speed. Ein direkter Zugriff auf diese Variable ist nicht möglich. Stattdessen kann die Variable speed ausschließlich über die Funktionsbausteine get_speed und accelerate referenziert werden.

Das folgende Beispiel zeigt die Einbindung dieser Funktionsbausteine in einem lokalen Programm:

```
REPORT zm_airplane.

  CALL FUNCTION 'get_speed'.
  ...
  CALL FUNCTION 'accelerate'.
  ...
```

Die Variable speed befindet sich nun nicht mehr global im Programm, sondern innerhalb der Funktionsgruppe. Auf diese Weise kann sichergestellt werden, dass die Variable speed nur über die dafür vorgesehenen Funktionen get_speed und accelerate verändert werden kann. Diese Programmstruktur bietet ein klassisches Konzept der Datenkapselung, wie es auch im objektorientierten Kontext ermöglicht wird.

Diese Programmstruktur bietet damit eine Variante der Datenkapselung, wie sie in ähnlicher Form auch im objektorientierten Kontext möglich ist. Allerdings genügt diese Variante der Datenkapselung nicht allen Anforderungen einer modernen Anwendungsarchitektur. Der folgende Abschnitt diskutiert diese Problematik.

3.1.2   Der Vorteil des objektorientierten Modells

Eine klare Schwachstelle der Funktionsgruppen wird ersichtlich, wenn das Hauptprogramm mit mehreren Objektinstanzen gleichzeitig arbeiten muss. Übertragen auf das vorherige Beispiel, tritt das Problem genau dann auf, wenn das Programm nicht mehr länger nur für ein einzelnes Flugzeug, sondern für mehrere Flugzeuge eingesetzt werden soll. In diesem Fall fehlen eine Zuordnung und Differenzierung der Funktionen für verschiedene Flugzeuge.

Ein Szenario mit einer großen Anzahl verschiedener Flugzeuge ließe sich unter Verwendung der Funktionsgruppe aus dem vorherigen Abschnitt zwar realisieren, z.B. durch die Einführung einer Parametersteuerung und die Verwendung einzelner Variablen für jedes Flugzeug, zugleich kann eine solche Implementierung aber bei großen Datenmengen sehr schnell an ihre Grenzen stoßen und zu einem unüberschaubarem Quellcode sowie einem hohen manuellen Wartungsaufwand führen.

Diese Problematik kann durch die Objektorientierung auf deutlich elegantere Weise gelöst werden, da sie es ermöglicht, mehrere Objektinstanzen gleichzeitig zur Programmlaufzeit zu erzeugen. Der folgende ABAP-Code demonstriert eine objektorientierte Lösung des Problems, so dass zwei verschiedene und voneinander unabhängige Flugzeuge mit den gleichen Methoden datentechnisch verarbeit werden können:

```
REPORT zm_airplane.

  DATA: lo_airplane_1 TYPE REF TO lcl_airplane,
        lo_airplane_2 TYPE REF TO lcl_airplane.

  CREATE OBJECT lo_airplane_1.      " Flugzeug 1
  lo_airplane_1.accelerate( ).

  CREATE OBJECT lo_airplane_2.      " Flugzeug 2
  lo_airplane_2.accelerate( ).
```

Es werden im oberen Beispiel zwei Flugzeugobjekte instanziiert, die beide die gleiche Methode `accelerate( )` verwenden. Theoretisch könnten beliebig viele weitere Flugzeugobjekte erzeugt werden und mit den einmal definierten Methoden arbeiten, ohne dass diese angepasst werden müssen.
Das folgende Code-Segment zeigt eine mögliche Implementierung der Klassenstruktur für das obere Beispiel:

```abap
CLASS lcl_airplane DEFINITION.
  PUBLIC SECTION.
    METHODS: get_speed RETURNING value(r_speed) TYPE i,
             accelerate.
  PRIVATE SECTION.
    DATA: speed type i.
ENDCLASS.

CLASS lcl_airplane IMPLEMENTATION.

  METHOD get_speed.
    r_speed = speed.
  ENDMETHOD.

  METHOD accelerate.
    speed = speed + 1.
  ENDMETHOD.

ENDCLASS.
```

Durch die Auslagerung der Variablen speed in die PRIVATE SECTION wird diese Variable zunächst vor externen Zugriffen geschützt. Sie kann nun nur noch durch die Methoden get_speed und accelerate adressiert werden. Darüber hinaus skaliert diese Implementierung für eine beliebige Zahl von Objekten, die alle mit den gleichen Methoden verarbeitet werden können. Der entscheidende Vorteil des objektorientierten Programmiermodells liegt in diesem Bereich in der Möglichkeit der Mehrfachinstanziierung.

3.2 Vererbung

Vererbung ist ein Mechanismus, der es erlaubt, bestehenden Programmcode zu übernehmen und ihn den eigenen Bedürfnissen anzupassen, ohne großartige Korrekturen oder Erweiterungen am Original in jedem Fall nachvollziehen zu müssen. Dabei übernimmt eine untergeordnete, spezielle Klasse, auch abgeleitete Klasse genannt, die Datenfelder, Eigenschaften, Indizierer usw. einer übergeordneten Klasse, Basisklasse genannt. Die abgeleitete Klasse kann dann selbst entscheiden, welche Elemente sie unverändert übernehmen will, welche sie ändern muss und was sie zusätzlich neu machen möchte. Allgemein kann man sagen, dass die abgeleiteten Klassen eine Spezialisierung der jeweiligen Basisklasse sind. (Erlenkötter, H. 2002)

Das Prinzip der Vererbung ist ein weiteres grundlegendes Konzept der Objektorientierung. Üblicherweise spricht man von Vererbung, wenn eine Unterklasse sämtliche Eigenschaften ihrer Oberklasse[23] übernimmt.[24] Die Unterklasse kann neue Komponenten, wie Attribute und Methoden, hinzufügen und die Implementierung der Oberklasse erweitern oder überschreiben. Dem Konzept der *Polymorphie*, das sehr eng mit dem der Vererbung einhergeht, wird hier ein eigenständiger Abschnitt gewidmet.[25]

3.2.1 Klassen und Vererbung

Im Folgenden wird die Frage beantwortet, welche Formen der Vererbung ABAP Objects bereitstellt und wie diese umgesetzt werden. Das folgende UML-Diagramm zeigt ein typisches Anwendungsszenario für klassenbasierte Vererbung:

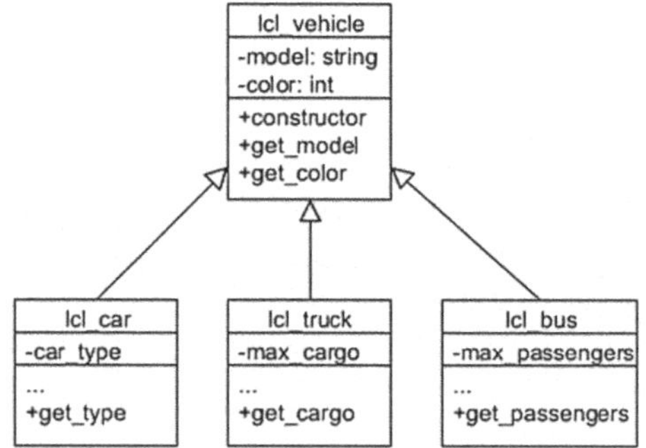

Die Klassen `lcl_car`, `lcl_truck` sowie `lcl_bus` werden hier von der allgemeineren Klasse `lcl_vehicle` abgeleitet und sind als Spezialisierungen dieser Klasse zu verstehen.

Das folgende Code-Segment zeigt ein Beispiel für eine mögliche Implementierung der Defintionsteile dieses Klassendiagramms in ABAP Objects:

---

[23] Bei der Oberklasse kann es sich auch um ein abstraktes Interface handeln.
[24] Klassen sind ein grundlegendes Datenmodell objektorientierter Programmierung und werden als bekannt vorausgesetzt
[25] siehe Kap. 3.3

```abap
CLASS lcl_vehicle DEFINITION.
  PUBLIC SECTION.
    METHODS: contructor,
             get_model RETURNING value(ex_model) TYPE string,
             get_golor RETURNING value(ex_color) TYPE i.
  PRIVATE SECTION.
    DATA: model TYPE string,
          color TYPE i.
ENDCLASS.

CLASS lcl_car DEFINITION INHERITING FROM lcl_vehicle.
  PUBLIC SECTION.
    METHODS get_type RETURNING value(ex_type) TYPE string.
  PRIVATE SECTION.
    DATA: car_type TYPE string.
ENDCLASS.

CLASS lcl_truck DEFINITION INHERITING FROM lcl_vehicle.
  PUBLIC SECTION.
    METHODS get_cargo RETURNING value(ex_cargo) TYPE string.
  PRIVATE SECTION.
    DATA: cargo TYPE string.
ENDCLASS.

CLASS lcl_bus DEFINITION INHERITING FROM lcl_vehicle.
  PUBLIC SECTION.
    METHODS get_passengers RETURNING value(ex_passengers) TYPE i.
  PRIVATE SECTION.
    DATA: passengers TYPE i.
ENDCLASS.
```

Im Rahmen der Vererbung ist es auch in ABAP Objects möglich, Methoden zu überschreiben bzw. die geerbte Funktionalität neu zu implementieren, man spricht in diesem Zusammenhang von *Redefinition*.

Es ist auch möglich, *abstrakte Klassen* (Schlüsselwort: ABSTRACT) zu definieren. Eine abstrakte Klasse lässt keine Instanziierung von Objekten dieser Klasse zu. Ein mögliches Szenario dieses Konzeptes liegt z.B. in der Verwendung einer abstrakten Oberklasse, von der verschiedene (nicht abstrakte) Unterklassen abgeleitet werden. Objekte können nun lediglich von den Unterklassen, nicht jedoch von der Oberklasse erzeugt werden.

Klassen können in ABAP Objects auch als *finale Klassen* (Schlüsselwort: FINAL) deklariert werden. Finale Klassen verhindern eine mögliche Vererbung dieser Klasse und können somit keine Unterklassen besitzen. Es ist auch möglich, nur bestimmte Methoden einer Klasse als finale Methoden zu definieren. Auf diese Weise kann die Vererbung dieser Methoden verhindert werden.

Ein weiteres interessantes Konzept in der Verwendung von Klassen liegt in der *Freundschaftsbeziehung* (Implementierung über den FRIENDS-Zusatz). Diese gewährt zwei Klassen gegenseitigen Zugriff auf geschützte und private Komponenten. Es handelt sich dabei um eine einseitige Beziehung. Eine Freundschaft gewährende Klasse ist nicht automatisch mit anderen Freunden einer Klasse befreundet. Jegliche Freundschaftsbeziehungen müssen explizit definiert werden. Dieses Konzept findet auch in dem in Kapitel 5 vorgestellten Projekt Verwendung.

3.2.2 Interfaces

Bei Interfaces handelt es sich um nicht instanziierbare Oberklassen, die ausschließlich öffentliche Komponenten besitzen und über keinen Implementierungsteil verfügen.

> In ABAP Objects dienen Interfaces in erster Linie dazu, einheitliche Schnittstellen (Protokolle) zu Diensten zu definieren. Diese Dienste können dann von unterschiedlichen Klassen auf verschiedene Weise - aber semantikerhaltend - angeboten, also implementiert werden. (SAP 2007)

Das Konzept der Interfaces wird in ABAP Objects somit in ähnlicher Form wie in anderen objektorientierten Programmiersprachen, wie z.B. in Java oder C\# umgesetzt.[26]

3.2.3 Überladung

Das Prinzip der Überladung wird in ABAP Objects, im Gegensatz zu C++ und Java, nicht unterstützt.[27] Es bezeichnet die Eigenschaft von Methoden, mehrere Definitionen bei einem gleichen Methodennamen zu besitzen. Die einzelnen Methoden unterscheiden sich dabei über ihre Signaturen und Implementierungen.

> Für eine Klasse werden mehrere Funktionen mit unterschiedlichen Parametern und gleichem Namen definiert. Beim Aufruf wird an Hand der Signatur die passende Funktion gestartet. (Erlenkötter, H. 2008a)

Die Koexistenz mehrerer Methoden mit gleichem Namen kann allerdings auch zu einem unübersichtlicheren Quellcode führen und Eindeutigkeitsprobleme mit

---

[26] vgl. Erlenkötter, H. 2008b, S. 143 ff. und Erlenkötter, H. 2002, S.189 ff.
[27] vgl. Erlenkötter, H. 2008b, S. 129

sich bringen. So ist auf den ersten Blick nicht immer klar, welche Funktionalität in einer Methode tatsächlich hinterlegt wurde. Hierin liegt eine mögliche Ursache, dass dieses Programmierkonzept nicht in den Sprachumfang von ABAP Objects integriert wurde.

3.2.4 Mehrfachvererbung

ABAP Objects erlaubt zwar beliebig komplexe Vererbungshierarchien, jedoch keine *Mehrfachvererbung*[28], wie sie z.B. in C++ möglich ist.[29] D.h. jede Klasse darf immer nur eine unmittelbare Oberklasse besitzen. Ein potentieller Grund hierfür liegt darin, dass die Verwendung der Mehrfachvererbung zu einer komplizierten und undurchsichtigen Programmstruktur führen kann. Ebenfalls kann ihr Einsatz zu dem sogenannten *Diamond-Problem*[30] führen. Daher unterstützen nur wenige Programmiersprachen das Konzept der Mehrfachvererbung. Es besteht allerdings die Möglichkeit, Mehrfachvererbung durch die Verwendung von Interfaces zu simulieren. Dieses Verfahren ist bereits aus Java und C\# bekannt und kann auch in ABAP Objects eingesetzt werden.[31]

3.3 Polymorphie

Die Definition einer Vererbungsbeziehung impliziert bereits, dass eine Unterklasse sowohl den Typ als auch die Implementierung ihrer Oberklasse erbt. Die Implementierung einer Methode kann in der Unterklasse jedoch redefiniert werden, um ein bestimmtes Verhalten zu spezialisieren. Die Redefinition einer Methode hat keine Auswirkungen auf die Schnittstelle der Methode. [..] Polymorphie bietet die Möglichkeit, mit Unterklassen genauso zu arbeiten wie mit Oberklassen. (Wood, J. 2009)

---

[28] Mehrfachvererbung ist bezeichnend für die Möglichkeit, dass eine Unterklasse Attribute und Methoden von mehreren verschiedenen Oberklassen gleichzeitig erben kann. Mehrfachvererbung kann in speziellen Fällen nützlich sein, aber auch zu Eindeutigkeitsproblemen führen.

[29] vgl. Erlenkötter, H. 2008a, S. 143 und Breymann, U. 2007, S.307

[30] Das Diamond-Problem beschreibt eine Problematik, die durch Mehrfachvererbung entstehen kann. Wenn eine Klasse D von zwei Klassen B und C abgeleitet wird, die selbst wiederum von einer Oberklasse A abgeleitet sind, ergibt sich ein rautenförmiges Klassendiagramm. Das eigentliche Problem liegt darin, dass diese Struktur eine Mehrdeutigkeit zulässt, in der für Methoden der Klasse D nicht eindeutig definiert sein muss, ob diese nun aus B *und* C oder aber aus B *oder* C abgeleitet werden.

[31] vgl. auch SAP 2007, S.104

Die *Polymorphie* (Vielgestaltigkeit) bezeichnet ein Konzept der Objektorientierung, das es ermöglicht, bei einem Funktionsaufruf automatisch aus einer Menge gleichnamiger Funktionen die für das aktuelle Objekt passende Funktion aufzurufen. Sie ermöglicht es, dass Instanzen verschiedener Klassen auf gleiche Nachrichten unterschiedlich reagieren können. Die Polymorphie ermöglicht damit außerdem die Entwicklung hochgradig generischer Programme, die auch im Falle der Erweiterung um neue Anwendungsfälle nicht wesentlich geändert werden müssen. Die Polymorphie dient damit einer effizienteren und übersichtlicheren Programmierweise und erspart z.B. die Verwendung von If-Abfragen zur Ermittlung der Klassenzugehörigkeit.

Das Konzept der Vererbung ist die Grundlage, auf der die objektorientierte Polymorphie basiert. Eine Oberklasse kann z.B. eine Methode implementieren, die in einer Unterklasse überschrieben bzw. neu implementiert wird. Beide Methoden haben den gleichen Namen, bieten jedoch unterschiedliche Funktionalität. Abhängig davon, ob nun eine Instanz der Oberklasse oder der Unterklasse verarbeitet wird, erfolgt automatisch die Auswahl der passenden Methode. Sollte die Unterklasse diese Methode allerdings nicht redefiniert haben, so wird die Methode der Oberklasse verwendet. Die Polymorphie zählt zu den wesentlichen Stärken der Objektorientierung. Sie ermöglicht es, mit verschiedenen Klassen unabhängig von deren Implementierungen einheitlich umzugehen. Die Suche nach den richtigen Methoden erfolgt automatisch über das Laufzeitsystem.

Die objektorientierte Polymorphie in ABAP Objects ermöglicht die Entwicklung generischer Programme. Es ist allerdings zu bemerken, dass auch das prozedurale Programmiermodell von ABAP die Möglichkeiten zu einer generischen Programmierung bietet. Eine Variante, die der objektorientierten Polymorphie ähnelt, basiert auf dem dynamischen Aufruf von Funktionsbausteinen. Hierfür wird eine Hilfstabelle verwendet, welche die Namen sämtlicher Objektinstanzen speichert.[32] Diese Tabelle speichert darüber hinaus die Namen der Funktionsbausteine, die für die Bearbeitung der jeweiligen Objekte verwendet werden sollen. Die Verwendung einer solchen Tabelle macht es möglich, für spezielle Objekte unterschiedliche Funktionsbausteine aufzurufen. Eine Syntaxprüfung kann in diesem Rahmen allerdings nur die Korrektheit des Aufrufs des Funktionsbausteins prüfen, nicht aber, ob die interne Hilfstabelle auch mit korrekten Daten gefüllt ist. Im Vergleich zum objektorientierten Modell der Polymorphie über Vererbung ist diese Variante daher komplizierter und fehleranfälliger.

---

[32] Die Speicherung von Objektinstanzen in Form von internen Tabellen wird in Abschnitt 3.4.3 ausführlicher diskutiert.

3.4 Referenzvariablen

Um Objekte zu erzeugen, müssen in ABAP (wie in anderen objektorientierten Sprachen) entsprechende Referenzvariablen (bzw. Instanzvariablen) verwendet werden. Hierbei handelt es sich um Variablen, die auf ein Objekt einer bestimmten Klasse zeigen und den Zugriff auf ein Objekt ermöglichen. Ein sogenannter *Garbage Collector*, wie man ihn in ähnlicher Form z.B. auch in Java findet, kümmert sich in ABAP automatisch um das Löschen von redundanten Objektinstanzen, die mit keiner Instanzvariable mehr verknüpft und somit syntaktisch nicht mehr adressierbar sind.[33]

3.4.1 Statische und dynamische Typen

In ABAP Objects besitzen Referenzvariablen zu ihrer Laufzeit immer zwei Typen: einen *statischen* und einen *dynamischen*.

Der *statische Typ* wird durch die Klasse festgelegt, auf die eine Referenzvariable in ihrer Deklaration Bezug nimmt (dies erfolgt über die Schlüsselwörter TYPE REF TO). Dieser Typ bleibt im weiteren Programmverlauf unverändert und definiert, welche Attribute und Methoden über die Instanzvariable angesprochen werden können.

Der *dynamische Typ* einer Referenzvariablen hingegen wird während der Laufzeit durch Zuweisungen festgelegt und kann sich im Programmverlauf ändern. Über diesen Typ wird entschieden, welche Implementierungen bei einem Methodenaufruf ausgeführt werden können. Diese technische Struktur ermöglicht die Konzepte *Up-Cast* und *Down-Cast*, die im Folgenden erläutert werden.

3.4.2 Up-Cast und Down-Cast

Der Begriff *Up-Cast* (bzw. *Widening-Cast*[34]) bezeichnet in ABAP Objects die Möglichkeit, dass Instanzvariablen von Oberklassen auch Instanzen von deren Unterklassen beinhalten können. Es ist in diesem Rahmen möglich, der Instanzvariablen einer Oberklasse auch ein Objekt einer ihrer Unterklassen zuzuweisen. Es gilt allerdings zu beachten, dass nach einer solchen Zuweisung nur auf diejenigen Methoden und Attribute des Objektes zugegriffen werden kann, die auch

---

[33] vgl. Java: Erlenkötter, H. 2008b, S. 142 f.
[34] Der Begriff Widening-Cast ist bedeutend für eine datentypische Erweiterung, da die Zielvariable nach der Zuweisung mehr dynamische Typen annehmen kann.

in der Oberklasse definiert sind. D.h. ein syntaktischer Zugriff auf die speziali-
sierten Eigenschaften der Unterklasse ist von einer Referenzvariablen der Oberklasse aus nicht möglich. Sollte die Unterklasse Methoden der Oberklasse rede-
finieren, werden die so überschriebenen Methoden der Unterklasse ausgeführt.
An dieser Stelle wird auch die Bedeutung des dynamischen Typs von Referenzvariablen ersichtlich.

Das folgende Beispiel zeigt die Anwendung des Up-Cast-Prinzips:

```
DATA: r_vehicle TYPE REF TO lcl_vehicle,  " Oberklasse
      r_truck   TYPE REF TO lcl_truck.    " Unterklasse

CREATE OBJECT r_truck.

r_vehicle = r_truck.  " Hier erfolgt der Up-Cast
```

Der Up-Cast erfolgt in der Zuweisung von r_truck an r_vehicle.

Es ist in ABAP also möglich, dass Referenzvariablen von Oberklassen auch
Unterklassenreferenzen beinhalten können. Darüber hinaus kann es auch erforderlich sein, eine solche Referenz im Nachhinein wieder auf eine *passende* Referenzvariable der Unterklasse zurückzukopieren.

ABAP erlaubt daher auch das Zuweisen einer Oberklassen- zu einer Unterklas-
senreferenz. Dieses umgekehrte Prinzip wird als *Down-Cast* (bzw. *Narrowing-
Cast[35]* bezeichnet. Nachdem eine solche Referenz (zurück) an eine Unterklas-
senreferenz übergeben wurde, kann wieder auf alle ursprünglichen Komponenten dieser Referenz zugegriffen werden. Im Rahmen des Down-Casts wird also
von einer allgemeineren Ebene mit weniger Komponenten auf eine speziellere
Ebene mit mehr Komponenten gewechselt.

3.4.3 Das Problem der Mehrfachinstanziierung

Die Objektorientierung ermöglicht es, beliebig viele Objekte bzw. Instanzen
einer Oberklasse zu erzeugen. Eine Herausforderung in der praxisorientierten
Programmierung liegt darin, auch mit einer sehr großen Anzahl von Objekten
noch effektiv umzugehen. Diese Problematik soll anhand des folgenden Beispiels verdeutlicht werden:

---

[35] Der Begriff Narrowing-Cast ist bedeutend für eine datentypische Verengung, da die Zielvariable
nach der Zuweisung weniger dynamische Typen annehmen kann.

```
DATA: lo_airplane_1 type ref to lcl_airplane,
      lo_airplane_2 type ref to lcl_airplane,
      lo_airplane_3 type ref to lcl_airplane.

CREATE OBJECT lo_airplane_1.
CREATE OBJECT lo_airplane_2.
CREATE OBJECT lo_airplane_3.
```

In diesem Codesegment werden drei Referenzvariablen für Objekte der Klasse `lcl_airplane` deklariert und anschließend für jede dieser Variablen entsprechende Objektinstanzen erzeugt. Der Befehl CREATE OBJECT übernimmt hierbei sowohl das Erzeugen der Instanz als auch die Zuweisung zu der Referenzvariablen.

Dieses Beispiel verwendet lediglich drei Instanzen. Erhöht man die Zahl der Instanzen, wird dies den Quellcode zunehmend unübersichtlicher und schwieriger wartbar machen. In jedem Fall erhöht sich der manuelle Programmieraufwand, denn man muss für jedes einzelne Objekt eine eigene Instanzvariable deklarieren und den CREATE OBJECT Befehl ausführen. Diese Art der Implementierung stößt somit an ihre Grenzen, wenn mit einer sehr großen und möglicherweise sogar dynamischen Anzahl von Objektinstanzen gearbeitet werden muss.

ABAP bietet für die Handhabung mehrerer (dynamischer) Objektinstanzen ein eigenständiges und effizientes Konzept. Mit Hilfe der Verwendung von internen Tabellen[36] können beliebig viele Objektinstanzen in einer effektiven Weise verarbeitet werden. Interne Tabellen sind ein spezielles Sprachelement von ABAP, lassen sich aber im Kern ihrer Funktionalität auch mit Listen vergleichen, wie sie aus anderen Programmiersprachen bekannt sind. Eine interne Tabelle bietet typische Listenoperationen, wie z.B. die Iteration und das Anhängen, Löschen und Auslesen von Datensätzen.

Die folgenden Code-Segmente demonstrieren den Einsatz einer internen Tabelle als Hilfsmittel für das Handling von multiplen und dynamischen Objektinstanzen.

---

[36] siehe auch Kap. 2.5.4

- **Erzeugen** von *n* (beliebig vielen) Instanzen:

```
DATA: lo_airplane TYPE REF TO lcl_airplane,
      itab TYPE TABLE OF REF TO lcl_airplane.

CREATE OBJECT lo_airplane.          " Instanz 1
APPEND lo_airplane TO itab.

...

CREATE OBJECT lo_airplane.          " Instanz n
APPEND lo_airplane TO itab.
```

Die Objektinstanzen werden nach ihrer Erzeugung einfach an die interne Tabelle `itab` angehängt.

- **Auslesen** einer bestimmten Objektinstanz:

```
READ TABLE itab INTO lo_airplane  WITH KEY ...
```

Für das gezielte Adressieren eines Objektes innerhalb der Hilfstabelle kann der Befehl `READ` verwendet werden. Über den Parameter `KEY` kann anhand von Attributen des Typs `PUBLIC` ein spezielles Objekt aus der Tabelle selektiert werden.

- **Iteration** über alle Objektinstanzen:

```
LOOP AT itab INTO lo_airplane
  WHERE ...
    ...
ENDLOOP.
```

Die Iteration über die Hilfstabelle kann analog dazu ebenfalls mit Parametern in der `WHERE`-Bedingung gesteuert werden, um so z.B. nur bestimmte Objekte der Tabelle zu durchlaufen. Das aktuelle Objekt der Iteration wird über die Variable `lo_airplane` referenziert.

Es lassen sich beliebig viele interne Tabellen zur Verwaltung der Objektinstanzen verwenden. Dies kann besonders dann sinnvoll sein, wenn man mit vielen
verschiedenen Objekttypen umgehen muss. Die internen Tabellen stellen damit
ein einfaches und effektives Konzept zur Unterstützung der Mehrfachinstanziierung dar.

3.5 Ereignisbehandlung

Ein individuelles Merkmal von ABAP sind die vordefinierten Laufzeitereignis-
se, die ein wesentlicher Bestandteil im Aufbau eines ABAP-Programms sind.
Diese Ereignisse wurden bereits in Kapitel 2.4 vorgestellt. Auch im objektorientierten Kontext von ABAP können diese Ereignisblöcke genutzt werden. Sie
bieten allerdings vor allem die Möglichkeit, den groben Ablauf von Programm-
men zu strukturieren bzw. Schlüsselpositionen während der Programmlaufzeit
abzugrenzen.

ABAP Objects bietet darüber hinaus jedoch auch ein eigenständiges, objektorientiertes Konzept zur Ereignisbehandlung, das nicht mit den prozeduralen
Ereignisblöcken zu verwechseln ist. Diese spezielle Form der Ereignisbehandlung ist ausschließlich über die objektorientierte Komponente von ABAP verwendbar und bietet die Möglichkeit, benutzerspezifische Ereignisse während der
Laufzeit auszulösen und abzufangen.

Klassen und ihre Instanzen sowie Interfaces können in ABAP neben Attributen
und Methoden eine dritte Form von Komponenten enthalten: Ereignisse. Hierbei
wird unterschieden zwischen *Instanzereignissen,* die von den Instanzen einer
Klasse ausgelöst werden, sowie den *statischen Ereignissen,* die von der Klasse
selbst ausgelöst werden. Die Reaktionen auf solche Ereignisse werden in entsprechenden *Behandlerklassen* und deren Methoden implementiert. Dabei muss
eine ereignisauslösende Klasse ihre Behandlermethoden nicht „kennen". Es
wird erst zur Laufzeit ermittelt, ob und welche der vorgesehenen Reaktionen
nach Auslösung des Ereignisses tatsächlich stattfinden. Ereignisse können darüber hinaus auch Exportparameter verwenden. Im Gegensatz zum expliziten
Methodenaufruf wird das Protokoll hier jedoch allein durch den Auslöser bzw.
Aufrufer bestimmt.

Ereignisse werden somit von Klassen definiert und von Klassen oder deren
Objekten ausgelöst. Behandlermethoden werden wiederum in einer Behandlerklasse definiert und implementiert. Eine Behandlerklasse oder ein Behandlerob-
jekt wird während der Laufzeit für bestimmte Ereignisse registriert. Dieses Mo-

dell ermöglicht eine programmiertechnische Entkopplung von Ursache und Wirkung.

Das folgende Beispiel zeigt eine Implementierung, in der die Methode `landing` das Ereignis `airplane_landed` auslöst:

```
CLASS lcl_airplane DEFINITION
  PUBLIC SECTION.
    METHODS landing.
    EVENTS airplane_landed
ENDCLASS.

CLASS lcl_airplane IMPLEMENTATION.
  METHOD landing.
    RAISE EVENT airplane_landed.
  ENDMETHOD.
ENDCLASS.
```

Die Behandlung des Ereignisses wurde in diesem Code-Segment noch nicht berücksichtigt. Sie kann nun völlig unabhängig von der eigentlichen Erzeugung des Ereignisses implementiert werden.

Für die Behandlung des Ereignisses, soll nun eine andere Klasse zuständig sein. Hierfür führen wir die Klasse `lcl_airport` ein, die stellvertretend für den Flughafen steht, in dem das Flugzeug gelandet ist. Diese Flughafen-Klasse soll nun die weitere Bearbeitung des ausgelösten Ereignisses übernehmen, wie das folgende Code-Segment veranschaulicht:

```abap
CLASS lcl_airport DEFINITION.
  PUBLIC SECTION.
    METHODS register_airplane
      FOR EVENT airplane_landed OF lcl_airplane.
  PRIVATE SECTION.
    DATA: n_o_planes type i.
  ...
ENDCLASS.

CLASS lcl_airport IMPLEMENTATION.
  METHOD register_airplane.
    n_o_planes = n_o_planes + 1.
  ENDMETHOD.
ENDCLASS.

* Verknüpfe Ereignis und zugehörigen Handler
SET HANDLER register_airplane FOR ALL INSTANCES.
```

Die Klasse `lcl_airport` verwendet in diesem Beispiel die Variable `n_o_planes`, um die Anzahl der Flugzeuge zu registrieren, die gegenwärtig in dem Flughafen einen Zwischenstopp machen. Immer wenn ein Flugzeug in dem Flughafen landet, soll diese Variable um 1 erhöht werden. Für die Behandlung des Ereignisses wurde im Beispiel die Behandlermethode `register_airplane` implementiert und mit allen Instanzen verknüpft.

Die Ereignisbehandlung in ABAP Objects unterscheidet sich damit in einigen Bereichen zu Java oder C\#. In Java werden Ereignisse z.B. für die Steuerung der Benutzerinteraktion verwendet und durch Objekte einer speziellen Klasse repräsentiert. Die Attribute dieser Objekte geben aber auch hier Aufschluss über den Typus sowie über weitere Parameter des Ereignisses. Diese Ereignisobjekte werden in Java allerdings an eine spezielle Methode *processEvent* übergeben, die anhand einer Typenprüfung spezialisierte Funktionen aufruft. Darüber hinaus bietet Java ein sogenanntes Delegationsmodell[37], ähnlich der Ereignisbehandlung in C\#.[38] Die Ereignisbehandlung in ABAP Objects ist hingegen vergleichsweise intuitiv aufgebaut und unterstützt durch die konsequente Trennung von Ursache und Wirkung einen modularen und strukturierten Programmaufbau.

---

[37] Dabei übernehmen die Objekte, die an Ereignissen beteiligt sind, nicht mehr selbst die Verarbeitung, sondern delegieren sie an andere. Statt eine Klasse abzuleiten, muss also mindestens eine andere neu definiert werden. Oft ist aber bereits eine geeignete vorhanden. Außerdem können mehrere Objekte ihr Event-Handling auch an ein einziges Delegationsobjekt übertragen. (Erlenkötter, H. 2008b, S.200)

[38] vgl. Erlenkötter, H. 2008b, S.178 ff. und Erlenkötter, H. 2002, S.210 ff.

3.6 Weitere Konzepte in ABAP™ Objects

In diesem Abschnitt werden weitere interessante Programmierkonzepte der Sprache ABAP Objects diskutiert.

3.6.1 Statische Attribute und Methoden

ABAP Objects unterstützt, wie C++, C\# oder Java, sowohl statische Attribute als auch statische Methoden, man spricht auch von Klassenattributen bzw. -methoden. Statische Attribute und Methoden werden in ABAP syntaktisch über die Schlüsselwörter `CLASS-DATA` bzw. `CLASS-METHODS` definiert. Statische Attribute existieren immer direkt für eine Klasse und nicht für deren Objektinstanzen. Sie können z.B. für die Speicherung von Informationen verwendet werden, die für alle Instanzen Gültigkeit haben. Ähnlich verhalten sich statische Methoden. Im Gegensatz zu den normalen Instanzmethoden, benötigen diese keine Objektinstanz für ihre Ausführung.

3.6.2 Globale Klassen und Interfaces

Klassen und Interfaces können in ABAP auch global definiert werden. Dies erfolgt direkt über die Verwendung der ABAP-Workbench. Globale Klassen haben den Vorteil, dass sie von allen Applikationen im System genutzt werden können. Sie eignen sich damit besonders für die Bereitstellung von allgemeinen Funktionen, die für mehrere Applikationen sinnvoll sind. Im Bereich der Interfaces bieten sie darüber hinaus die Möglichkeit, globale Schnittstellen zu definieren. Die Vorteile der globalen Klassen finden in dem in Kapitel 5 vorgestellten Modell Verwendung.

3.6.3 BAdIs (Business Add-Ins)

> Im Regelfall besteht die typische Auslieferungslandschaft nicht nur aus Anbieter und Verwender, sondern es können mehrere Zwischenanbieter in der Auslieferungskette für Software involviert sein. (SAP 2007)

Im Rahmen der industriellen Softwareentwicklung muss berücksichtigt werden, dass in der Entwicklungskette von Software auch mehrere verschiedene Parteien beteiligt sein können. Darüber hinaus kann die Entwicklung von Software auch auf verschiedenen Prozessebenen erfolgen. Ein mögliches Beispiel hierfür ist eine SAP-Anwendung, die von der SAP in einer allgemeinen Form ausgeliefert und um verschiedene Branchenlösungen erweitert wird. Außerdem ist auch eine Erweiterung durch den Kunden möglich.

Der Begriff *BAdI* bezeichnet ein sogenanntes *Business Add-In*. Es beschreibt eine Komponente einer Anwendung, die im Speziellen für die mögliche Erweiterung einer Applikation vorgesehen ist. Hierfür wird das Konzept der *Adapter-Klassen* verwendet, das auch aus anderen objektorientierten Sprachen, wie Java und C++, bekannt ist. Dieses Prinzip stellt die Erweiterungsmöglichkeit über ein Interface sicher, das in Form der Adapter-Klasse implementiert wird. Jeder potentielle Verwender innerhalb der Prozesskette kann auf diese Weise das Interface implementieren. Mehrfachimplementierungen sind hier ebenfalls möglich. BAdIs können unter anderem mit Hilfe der ABAP-Workbench angelegt werden.

3.6.4 *Ausnahmebehandlung und RTTS*

> Als Ausnahme bezeichnen wir eine Situation während der Ausführung eines Programms, in der eine normale Programmfortführung nicht sinnvoll ist. (SAP 2007)

Das Ausnahmekonzept von ABAP Objects basiert auf der Verwendung von Klassen. Es umfasst und erweitert ältere Konzepte und löst diese vollständig ab. Die Abkürzung RTTS steht für *Run Time Type Services*, die in diesem Zusammenhang ebenfalls diskutiert werden. Wie im Folgenden ersichtlich wird, handelt es sich hierbei um ein gutes Beispiel für die enge Verzahnung der prozeduralen und objektorientierten Anteile von ABAP Objects.

Klassenbasierte Ausnahmen werden in ABAP entweder manuell im Code über den Befehl `RAISE EXPCEPTION` oder automatisch durch die Laufzeitumgebung ausgelöst (z.B. bei unerlaubten Operationen wie der Division durch Null). Die Ausnahme wird in Form eines Ausnahmeobjektes repräsentiert, das als Instanz einer Ausnahmeklasse erzeugt wird und dessen Attribute Informationen über die Fehlersituation enthalten. Nach der Auslösung einer solchen Ausnahme versucht das System, einen passenden Behandler zu finden. In diesem Konzept lassen sich auch Ähnlichkeiten zur Ereignisbehandlung innerhalb ABAPs erkennen.

Die klassenbasierten Ausnahmen können in allen Programmbereichen eingesetzt werden, also auch außerhalb des objektorientierten Kontextes. Die Ausnahmeklassen können hierfür sowohl lokal als auch global definiert und genutzt werden. Darüber hinaus bietet ABAP eine Vielzahl vordefinierter Ausnahmeklassen.

Um Programme robuster zu gestalten und potentielle Ausnahmen im Vorfeld zu berücksichtigen, bietet ABAP hierfür, ähnlich wie Java, C++ oder C\#, die Möglichkeit, kritikale Funktionalitäten in TRY- und CATCH-Blöcken zu kapseln.[39]

3.6.5 ABAP Unit

Das systematische Testen von Software kann einen erheblichen Teil zur allgemeinen Steigerung der Qualität beitragen.[40] Es ist in diesem Rahmen zu erwähnen, dass einige Programmiersprachen bzw. deren Entwicklungsumgebungen spezielle Werkzeuge für einen systematischen Testprozess bereitstellen. Ein typisches Beispiel hierfür ist die Sprache Java, für die in Form der JUnit ein Unit-Test-Framework zur Verfügung gestellt wird, das die Möglichkeit für strukturierte und wiederholbare Tests bietet.

ABAP Objects bietet in Form von *ABAP Unit* ein ähnliches Testwerkzeug, das die Überprüfung von Funktionalitäten einzelner Code-Einheiten eines Programms ermöglicht. In Form von lokalen Testklassen und darin implementierten Testmethoden können einzelne Tests in beliebigen Programmen integriert werden. Die Bereitstellung und Unterstützung von Testwerkzeugen ist als sinnvoller Aspekt zeitgemäßer Programmiersprachen anzusehen.

Es gilt allerdings zu bedenken, dass die Nutzung eines solchen Werkzeugs auch mit Kosten und Einarbeitungszeiten verbunden ist und eine gewisse Akzeptanz der Entwickler voraussetzt. Der Einsatz von Testwerkzeugen kann also zu einer Verbesserung von Testprozessen führen, sollte aber unter den gegebenen Rahmenbedingungen abgewogen werden.

Es lässt sich festhalten, dass ABAP Objects in Form von ABAP Unit ein zeitgemäßes und nützliches Werkzeug im Rahmen der objektorientierten Softwareentwicklung bietet. Weiterführende Informationen über ABAP Unit sind in dem Literaturverweis (Keller, H. 2006, Kapitel 13) enthalten.

---

[39] vgl. Erlenkötter, H. 2008b, S.74 und Erlenkötter, H. 2008a, S. 216

[40] Ausführliche Informationen zu diesem Thema sind in dem Literaturverweis Spillner, A. 2005 enthalten.

3.7 Zusammenfassung

Die Techniken der objektorientierten Softwareentwicklung unterstützen uns dabei, Software einfacher erweiterbar, besser testbar und besser wartbar zu machen. Allerdings dürfen Sie sich von der Objektorientierung nicht Antworten auf alle Probleme und Aufgabenstellungen der Softwareentwicklung erwarten. (Lahres, B. 2006)

Die theoretische Auseinandersetzung mit ABAP Objects unter Aspekten der Objektorientierung zeigt, dass sich diese Sprache trotz ihrer stark betriebswirtschaftlichen Ausprägung in vielen Grundkonzepten nicht wesentlich von anderen objektorientierten Programmiersprachen unterscheidet. Sie beinhaltet dabei die wesentlichen Grundprinzipien der Objektorientierung und bietet darüber hinaus weitere effektive Konzepte, die insbesondere für die betriebswirtschaftlichen Anwendungsfelder von SAP-Software gut geeignet sind. Tatsache ist, dass die Objektorientierung in Form von ABAP Objects bereits seit einigen Jahren Einzug in die Welt der SAP-Softwareentwicklung gehalten hat. Es ist aber auch ein Fakt, dass in der industriellen Praxis noch zahlreiche Anwendungen existieren und weiterhin entwickelt werden, die auf älteren und prozeduralen Konzepten basieren. Es gibt eine bekannte Redensart, die längst nicht nur in den Kreisen der Informatik bekannt ist: *Never touch a running system!* Für den Anwender und die Unternehmen bleibt also stets die Frage, ob und wann es wirtschaftlich überhaupt sinnvoll ist, solche Systeme durch modernere Applikationen auszutauschen. Solange ein System fehlerfrei funktioniert, sind Kosten und Risiken einer möglichen Neuimplementierung schwer zu begründen. Die theoretische Analyse von ABAP Objects hat jedoch gezeigt, dass die Objektorientierung in bestimmten Bereichen klare Vorteile gegenüber dem prozeduralen Programmiermodell aufweist. Es steht daher außer Frage, dass die Objektorientierung ein zeitgemäßes Programmiermodell bietet, das auch in der SAP-Anwendungsentwicklung einen erheblichen Teil zur Verbesserung von Softwarequalität beitragen kann.

Auch wenn Sie sich einmal entschieden haben, nach dem objektorientierten Paradigma vorzugehen, werden häufig für eine Problemstellung verschiedene Lösungen möglich sein. (Lahres, B. 2006)

Eine grundlegende Erkenntnis, die vor allem durch die praxisorientierte Implementierung abzuleiten ist, liegt darin, dass die Objektorientierung trotz ihrer zahlreichen theoretischen Vorteile durchaus differenziert zu betrachten ist. Sowohl Theorie als auch Erfahrungen aus der Praxis haben bestätigt, dass mit

Konzepten der Objektorientierung deutliche Verbesserungen der Programmqualität erreicht werden können. Gleichzeitig liefert ihre praktische Anwendung auch die Erkenntnis, dass objektorientierte Programmiermodelle nicht erzwungen werden sollten. Gerade im Bereich der sehr datenbankorientierten SAP-Applikationen lassen sich nicht immer Szenarien finden, die perfekt für Klassen- und Objektmodelle geeignet sind. Da ABAP Objects speziell für die betriebswirtschaftlichen Anforderungen der SAP ausgelegt ist, bietet diese Sprache, z.B. in Form der internen Tabellen, bereits sehr effektive Datenmodelle, die für viele potentielle Szenarien sehr gut geeignet sind. In manchen Fällen kann das objektorientierte Programmiermodell dadurch durchaus zu einem gewissen Overhead an Quellcode führen, der besonders kleinere bis mittelgroße Projekte nicht immer übersichtlicher bzw. allgemein *besser* macht. Grundsätzlich gilt es vielmehr, in sorgfältiger Prüfung der Anforderungsspezifikation und Anwendungskomplexität abzuwägen, an welchen Stellen die Objektorientierung sinnvoll eingesetzt werden kann.

4 Ein Architekturmodell für SAP® Eigenentwicklungen

Das in diesem Kapitel vorgestellte Programmiermodell bietet eine Möglichkeit, umfangreiche ABAP-Programme so zu strukturieren, dass diese den Kriterien einer teamorientierten Softwareentwicklung sowie einer effizienten Wartbarkeit und Erweiterbarkeit gerecht werden. Darüber hinaus unterstützt es eine produkt- und kundenorientierte Softwareentwicklung. Das Modell ist insgesamt unkompliziert umzusetzen, setzt allerdings für Verständnis und Implementierung grundlegende Kenntnisse der objektorientierten Programmierung in ABAP Objects voraus.

Vorteile und Anwendungsfelder dieses Modells:

- Komplexe SAP-Anwendungen *nachvollziehbar* und *modular* strukturieren
- Verbesserung der *Wartbarkeit* und *Erweiterbarkeit*
- Unterstützung *produktbasierter* und *kundenorientierter* Entwicklung
- Geeignet für *teamorientierte* Entwicklung mit mehreren Entwicklern
- *Praxistaugliche Richtlinie* für den direkten Einsatz

4.1 Einleitung

Ein abgestimmtes Entwurfsmuster kann dabei helfen, sowohl Entwicklungszeit und -kosten zu sparen als auch die Qualität von Software zu erhöhen. Das vorgestellte Konzept basiert auf zwei Grundideen. Zum einen macht es sich eine Strukturierung der Anwendungsarchitektur mithilfe verschiedener Hierarchie- bzw. Komplexitätsebenen zu Nutze. Je höher die Hierarchieebene, desto abstrakter und leichter nachvollziehbarer wird der Programmablauf. Detailfunktionen werden hingegen auf tieferer Programmebene implementiert. D.h. es wird leichter, die grobe Programmstruktur schnell nachzuvollziehen und gleichzeitig kann bei Bedarf auf die tiefere Funktionsebene abgesprungen werden. Auf diese Weise werden Ablauflogik und Funktionen in diesem Programmiermodell bewusst entkoppelt.

Der zweite Kerngedanke des Modells liegt in der Verwendung eines einheitlichen Modularisierungskonzepts sowie eines Bausteinprinzips. ABAP bietet verschiedene Alternativen zur Umsetzung von modularen Programmen: Funktionsbausteine, Dialogmodule, Unterprogramme und Methoden. Grundsätzlich bilden Methoden das fortschrittlichste und mächtigste Werkzeug für modulare SAP-Programmierung. In diesem Modell wird daher ein Ansatz verfolgt, der auf einer einheitlichen Verwendung von Methoden basiert. Eine einheitliche und sauber strukturierte Programmarchitektur kann gerade bei der Entwicklung mit mehreren Programmierern erheblich dazu beitragen, Redundanzen abzubauen, Softwarequalität zu erhöhen und Entwicklungszeit zu sparen.

4.2 Anforderungen an das Modell

Das hier vorgestellte Programmiermodell entstand während der Entwicklung eines realen, industriellen Softwareprojektes. Im Folgenden werden die Anforderungen beschrieben, die der Entwicklung dieses Modells zugrunde lagen.

4.2.1 Unterstützung einer teamorientierten Softwareentwicklung

Das beschriebene Programmiermodell soll eine teamorientierte Softwareentwicklung ermöglichen bzw. unterstützen. Zum einen soll eine parallele Programmierung durch mehrere Entwickler erleichtert werden (z.B. getrennte Programmierung an verschiedenen Modulen); zum anderen soll der Quellcode so strukturiert werden, dass auch projektfremde Entwickler den Code schnell nachvollziehen können. Insgesamt soll der Programmcode leserlich und übersichtlich strukturiert werden.

Die folgenden Gründe sprechen für eine teamorientierte Softwarearchitektur:

- *Kollaboratives Arbeiten* kann die *Qualität* von Software verbessern (Mehraugenprinzip, Fehler erkennen, Austausch von Know-How usw.).
- *Komplexität* bzw. *Umfang* der Software verlangen die Verteilung der Programmierarbeit auf mehrere Entwickler.
- Ein dringendes und unerwartetes Problem ist zu lösen, doch der ursprünglich zuständige Entwickler ist nicht verfügbar (z.B. krank, im Urlaub oder möglicherweise gar nicht mehr im Unternehmen angestellt). Ein anderer Kollege muss nun für ihn einspringen und den Quellcode möglichst schnell nachvollziehen können.
- Das Entwicklungsteam ist insgesamt *flexibel* strukturiert, Kollegen sollen gegenseitig ihre Aufgaben übernehmen können.

4.2.2 Wartbarkeit und Erweiterbarkeit

Eine gute *Wartbarkeit* bedeutet, dass eine Software auch nachträglich noch flexibel änderbar ist. Insbesondere im Bereich der IT Dienstleistungen müssen Entwickler dynamisch auf wechselnde Kundenanforderungen reagieren können. Darüber hinaus kann es immer passieren, dass auch im Produktiveinsatz, lange nach Entwicklungs- und Testphasen, noch Probleme und Fehler gefunden werden, die möglichst schnell lokalisiert und behoben werden müssen. Die Zeit, die der Wartung einer Software zukommt, übersteigt in vielen Projekten die reine Entwicklungszeit um ein Vielfaches. Darüber hinaus wird SAP-Software in vielen Unternehmen oft konsistent über große Zeiträume hin eingesetzt und sollte jederzeit flexibel an neue Anforderungskriterien anpassbar sein.

Die *Erweiterbarkeit* hängt eng mit der Wartbarkeit zusammen und ist ein Kriterium dafür, wie gut sich eine Software um neue Funktionen und Addons erweitern lässt. Während die Wartbarkeit eher kleinere Anpassungen oder Fehlerbehebung adressiert, versteht man unter Erweiterbarkeit vor allem die Möglichkeiten zu einer größeren Weiterentwicklung der Software. Die nachträgliche Erweiterbarkeit einer Anwendung sollte daher bereits im Vorfeld bedacht und sichergestellt werden. Nicht selten entstehen viele neue Kundenanforderungen, nachdem eine Software Anwendung in der Praxis gefunden hat. Darüber hinaus können anfangs kleine Softwareprojekte mit der Zeit zu großen und komplexen Applikationen erwachsen. Wurde die Erweiterbarkeit am Anfang vernachlässigt und eine Software anschließend immer wieder um neue Funktionen ergänzt, kann sie im schlimmsten Fall zu einem unübersichtlichen und kaum noch wartbaren Konstrukt werden.

Vorteile guter Wartbarkeit und Erweiterbarkeit:

- Fehler schneller finden und beseitigen
- Neue Features und Anpassungen können einfacher realisiert werden
- Die Software bleibt auch bei steigender Komplexität strukturiert
- Weniger Zeitaufwand für Wartung bdeutet mehr Zeit für neue Projekte
- Guter Service verbessert nachhaltig die Kundenzufriedenheit

4.2.3 Software als Produkt

Das hier beschriebene Programmiermodell soll für eine produktorientierte Softwarearchitektur geeignet sein. Ein mögliches Szenario hierfür ist die Entwicklung eines softwareseitigen Grundproduktes, das mit verschiedenen Zusatzmodulen erweitert werden kann. Auf diese Weise kann ein Softwareunternehmen kundenspezifische und individuelle Lösungen anbieten, ohne eine bereits bestehende und etablierte Anwendung für jede Variante von Grund auf neu gestalten zu müssen. Ist die Software entsprechend dieser Kriterien strukturiert, können Entwicklungszeit und Kosten gespart werden. Die Merkmale dieser Anforderungen lassen sich wie folgt zusammenfassen:

- Modulare Software bestehend aus verschiedenen Teilpaketen
- Verschiedene Produktalternativen und -konfigurationen
- Grundpaket mit Individuallösungen erweiterbar
- Vermeidung von Entwicklungsredundanzen

Die in diesem Abschnitt aufgeführten Anforderungen stellen die Grundlage dar, auf welcher das im folgenden Abschnitt vorgestellte, neue Programmiermodell entwickelt wurde.

4.3 Bestandteile des Modells

In diesem Abschnitt werden die einzelnen Konzepte des vorgestellten Architekturmodells ausführlich erläutert und beschrieben. Darüber hinaus werden Anregungen gegeben, wie sich das Konzept praxisnah umsetzen lässt. Die Ausführungen sind bewusst allgemein formuliert, da sich die individuellen Anforderungen in der Praxis in jedem Unternehmen unterscheiden und eine eigene Umsetzung erfordern. Kenntnisse der (objektorientierten) ABAP-Programmierung werden zum vollständigen Verständnis vorausgesetzt.

Das hier beschriebene Programmiermodell basiert auf der Verwendung einer sogenannten *programmrepräsentativen Klasse*. Damit ist gemeint, dass eine Klasse verwendet wird, welche die wesentlichen Funktionen des Programms innerhalb ihrer Methoden kapselt. D.h. alle Kernfunktionalitäten der Anwendung werden ausschließlich als Methoden dieser Klasse oder als Methoden weiterer Unterklassen implementiert. Das Modell verzichtet vollständig auf die Verwendung von Unterprogrammen und sieht eine bewusste Trennung von Ablauflogik und Funktionalität vor. Die Ablauflogik wird in eigenständigen PBO und PAI Includes auf einer möglichst abstrakten, gut leserlichen Ebene implementiert, während sämtliche Programmroutinen in Methoden hinterlegt werden.

4.3.1 Das Hierarchiekonzept

Das Hierarchiekonzept des Programmiermodells verwendet eine Strukturierung der ABAP-Anwendung auf verschiedenen Ebenen. Die Verwendung dieser Hierarchieebenen hilft, den Quellcode insgesamt verständlich und übersichtlich zu strukturieren und so die Lesbarkeit und Nachvollziehbarkeit zu erhöhen. Das hier beschriebene Modell verwendet die folgenden logischen Strukturierungsebenen:

- **1. Ebene:** Grundstruktur   *(Aufteilung der Programmteile auf Includes)*
- **2. Ebene:** Ablauflogik   *(innerhalb der PBO und PAI Inlcudes)*
- **3. Ebene:** Funktionen   *(innerhalb des Main-Includes)*

In der ersten Ebene, der Grundstruktur, wird die Anwendung auf logisch sinnvolle Includes aufgeteilt. Diese Includes enthalten unterschiedliche Teile der Anwendung, wie Deklarationen und Definitionen, Ablauflogik, Funktionen und Erweiterungen. Interessant ist vor allem die Trennung der Ebenen 2 und 3, also die Trennung von grober Ablauflogik und einzelnen Programmfunktionen. Im folgenden Abschnitt werden die einzelnen Includes vorgestellt.

4.3.2 Die Includes

Das Programmiermodell verwendet verschiedene Includes, um die Anwendung auf höchster Ebene zu strukturieren. Hierfür muss die zu erstellende Anwendung als *Modulpool* definiert werden, um eine Strukturierung mit Hilfe von Includes zu ermöglichen. Die Verwendung von Includes ist das übliche Vorgehen bei der Implementierung von Modulpools und eine erste Möglichkeit zur groben Modularisierung von ABAP-Programmen. Das hier vorgestellte Programmiermodell verwendet die folgenden Includes zur Strukturierung des Programmms:

- **TOP**   Datendeklarationen und Klassendefinitionen
- **MAIN**   Implementierung der Funktionen
- **PBO**   PBO-Ablauflogik
- **PAI**   PAI-Ablauflogik
- **CUSTOM**   Platzhalter für Erweiterungen, Addons usw.

Diese Includes[41] bieten eine Möglichkeit, die Applikation sauber zu gliedern. Im Folgenden werden die einzelnen Includes ausführlich erläutert.

4.3.2.1   Top-Inlcude

Der Top-Include beginnt mit der für einen Modulpool üblichen programmeinleitenden Anweisung PROGRAM. Im Top-Include werden sämtliche Datendeklarationen und -definitionen hinterlegt.

Er enthält:

- Deklarationen globaler Variablen
- Definitionen der verwendeten Klassen
- Weitere ABAP-typische Datendeklarationen und Verweise für interne Tabellen, Nachrichtenklassen, Datenbankstrukturen usw.

Der Top-Include muss innerhalb eines Modulpools immer als erstes referenziert werden, da er das Programm einleitet und alle für den weiteren Verlauf notwendigen Deklarationen enthält.

4.3.2.2   Main-Include

Der Main-Include enthält den wesentlichen Rumpf des Programms und den Großteil des Quellcodes. In diesem Include erfolgt die Implementierung der eigentlichen Funktionen. Hierfür wird eine Klasse `lcl_main` verwendet. Diese Klasse wird innerhalb dieses Programmiermodells als *programmrepräsentative Klasse* bezeichnet. Sie stellt eine Art Rahmenklasse dar und erfüllt den Zweck, dass alle Funktionen der Anwendung als Methoden dieser Klasse implementiert werden können. Der Main-Include enthält also den gesamten Implementierungsteil dieser Klasse (Der Definitionsteil der Klasse befindet sich hingegen im Top-Include). Zur Programmlaufzeit sollte nur eine Instanz der Klasse `lcl_main` erzeugt werden. Es bietet sich daher an, diese Klasse nach dem *Singleton* Entwurfsmuster zu gestalten.[42]

---

[41] Es gilt zu beachten, dass die Reihenfolge der Includes eine Rolle spielt. Der Top-Include sollte z.B. aufgrund der für weitere Includes nötigen Deklarationen immer an erster Stelle stehen; siehe auch Kap. 4.4.

[42] Das Singleton-Prinzip beschreibt ein Entwurfsmuster, das für eine Klasse vorgibt, dass zur Laufzeit nur eine einzige Instanz dieser Klasse erzeugt werden darf.

Um die Methoden der Klasse `lcl_main` im Programmkontext verwenden zu können, muss, wie in der Objektorientierung üblich, zunächst eine Instanz dieser Klasse erzeugt werden. Dies sollte üblicherweise im PBO Block passieren und dort auch nur beim ersten Programmstart. Wurde die Klasse `lcl_main` als Singleton definiert, wird von Anfang an ausgeschlossen, dass mehrere Instanzen der Klasse angelegt werden können (was gewünscht ist). Wurde die Klasse nicht als Singleton definiert, muss darauf geachtet werden, dass man nicht mit jedem Durchlauf des PBO-Blocks eine neue Instanz generiert.

4.3.2.3 PBO-Include

Um die Ablauflogik des Programms transparent und nachvollziehbar zu gestalten, wird die PBO-Logik in einen eigenständigen Include ausgelagert. Dieser Include wird PBO genannt. Der PBO-Include beginnt mit der Anweisung MODULE pbo OUTPUT. und endet mit der Anweisung ENDMODULE. Innerhalb dieses Rahmens kann nun die Ablauflogik mit Hilfe von Methoden umgesetzt werden.

```
MODULE pbo OUTPUT.
  ...
  lo_main->do_something( ).
  ...
ENDMODULE.
```

Der zentrale Gedanke dieses Vorgehens liegt darin, den Quellcode und die damit verbundene Ablauflogik leicht lesbar zu gestalten. Es ist daher entscheidend, innerhalb des PBO-Includes komplizierte Implementierungen zu vermeiden und nur den groben Ablauf zu programmieren.

Die folgenden Beispiele sollen diesen Ansatz verdeutlichen. Im ersten Negativbeispiel wird ein Großteil der Programmlogik bereits im PBO Modul implementiert. Das zweite Beispiel hingegen lagert die einzelnen Funktionen auf Methoden aus und ist damit besser lesbar. Was im Quellcode im Einzelnen passiert, ist nicht weiter relevant. Es soll lediglich das Prinzip der Code-Verlagerung auf Funktionen verdeutlicht werden.

Negativbeispiel:

```
MODULE pbo OUTPUT.
  IF dynpro = 100.
    x = 1.
    y = 2.
    z = 3.
    SELECT * FROM db_data INTO lt_data.
  ELSE.
    x = 0.
    y = 0.
    z = 0.
    CLEAR lt_data.
  ENDIF.
ENDMODULE.
```

Positivbeispiel:

```
MODULE pbo OUTPUT.
  IF dynpro = 100.
    lo_main->init_data( ).
  ELSE.
    lo_main->clear_data( ).
  ENDIF.
ENDMODULE.
```

Im zweiten Beispiel wurde die Initialisierung in eine Methode ausgelagert. Auf diese Weise bleibt der Quellcode übersichtlich und der Entwickler kann die Funktionsweise des Programms trotzdem leicht nachvollziehen.

Das hier präsentierte Beispiel ist vergleichsweise simpel, so dass man sich hier darüber streiten kann, ob sich eine Auslagerung des Codes in Methoden bereits lohnt. Stellt man sich an dieser Stelle jedoch ein komplexeres Code-Segment vor, so werden die Vorteile der Auslagerung deutlicher. Überträgt man diese Problematik auf umfangreiche Programme mit mehreren Hunderten Zeilen an Code, so kann eine schlechte Strukturierung sehr schnell zu schwer wartbaren Programmen führen, die insbesondere für unbeteiligte Entwickler schwierig nachvollziehbar sind. In Kapitel 4.4 werden weitere Beispiele für diese Art der Implementierung vorgestellt.

4.3.2.4 PAI Include

Der PAI Include wird analog zum PBO Include aufgebaut. Er beginnt mit der
Anweisung `MODULE pai INPUT.` und endet mit `ENDMODULE:`

```
MODULE pai INPUT.
  ...
   lo_main->do_something( ).
  ...
ENDMODULE.
```

Auch hier ist darauf zu achten, eine gut nachvollziehbare Ablauflogik zu bewah-
ren und Funktionen in Methoden auszulagern. Das folgende Beispiel zeigt ein
Modul, das sauber nach dem hier vorgestellten Modell aufgebaut ist:

```
MODULE pai INPUT.

   ok_code = lo_main->get_ok_code( ).

   CASE ok_code.
     WHEN 'BACK'.
        lo_main->leave_program( ).
     WHEN 'WRITE'.
        lo_main->write( ).
     WHEN 'READ'.
        lo_main->read( ).

   ENDCASE.

ENDMODULE.
```

Die Ablauflogik ist sofort klar ersichtlich. Als erstes wird der OK-Code abge-
fragt. Im Anschluss verzweigt die Anwendung abhängig vom Code in verschiedene Methoden. Ausführlichere Beispiele zur Implementierung der Ablauflogik
werden in Abschnitt 4.4 vorgestellt.

4.3.2.5 Custom Include

Der Custom-Include ist ein Platzhalter, der für die potentielle Erweiterung der Anwendung vorgesehen ist. In diesem Include können z.B. Klassen implementiert werden, die den standardgemäßen Funktionsumfang der Anwendung erweitern. Die Verwendung eines separaten Includes für potentielle Erweiterungen ermöglicht eine klare Trennung zwischen Standardfunktionen und Erweiterungen im Sinne einer produktorientierten und modularen Programmarchitektur. Es können natürlich auch verschiedene erweiternde Custom-Includes genutzt werden. Ein Beispielszenario ist, dass man für eine Software zwei Erweiterungen anbieten möchte: Erweiterung A und Erweiterung B. In diesem Fall könnte man z.B. verschiedene Includes für A und B verwenden (z.B. CUSTOM_A und CUSTOM_B).

4.3.2.6 Zusammenfassung

In diesem Abschnitt wurden die Inhalte der einzelnen Includes beschrieben. In den folgenden Abschnitten werden die weiteren Merkmale des Programmiermodells erläutert.

- Der TOP-Include enthält alle Datendeklarationen und Definitionen.
- Der MAIN-Include enthält die Implementierung der Klasse lcl_main und damit die wesentlichen Programmfunktionen.
- PBO- und PAI-Include enthalten die Ablauflogik. Diese sollte möglichst übersichtlich aufgebaut werden und Implementierungen sollten so gering wie möglich gehalten werden.
- Für Erweiterungen sollten getrennte Includes wie der CUSTOM-Include verwendet werden.

In den folgenden Abschnitten werden weitere Merkmale und Konzepte des Programmiermodells erläutert.

4.3.3 Modularität und Standardisierung

Ein modularer Programmaufbau ist eine Grundvoraussetzung, um den Anforderungen nach teamorientierter Entwicklung, Wartbarkeit und Erweiterbarkeit gerecht zu werden. In ABAP Objects stehen für die modulare Programmierung verschiedene Alternativen zur Verfügung: Funktionsbausteine, Dialogmodule, Unterprogramme und Methoden. Diese Konzepte wurden bereits in Kapitel 2 vorgestellt. Das in diesem Kapitel beschriebene Programmiermodell basiert auf der einheitlichen Verwendung von Methoden, da diese einige interessante Vorteile bieten. Dieser Abschnitt diskutiert daher diese Vorteile von Methoden und ihre Verwendung in diesem Programmiermodell.

4.3.3.1 Unterprogramme vs. Methoden

Unterprogramme repräsentieren den klassischen Weg zur Modularisierung von prozeduralen ABAP-Anwendungen. Sie ermöglichen eine lokale Segmentierung von Programmen. Ein Vergleich zwischen Unterprogrammen und Methoden zeigt jedoch, dass Methoden einige signifikante Vorteile gegenüber Unterprogrammen aufweisen. Im Gegensatz zu Unterprogrammen erfolgt in Methoden eine deutlich strengere Syntaxprüfung, die veraltete Code-Elemente konsequent herausfiltert. Eine solche Syntaxprüfung gibt es innerhalb von Unterprogrammen nicht. Diese präzise Syntaxprüfung kann dazu beitragen, den Quellcode von Programmen zu verbessern, obsolete Funktionen herauszufiltern und die Aufwärtskompatibilität von Anwendungen zu optimieren. Dieser Aspekt ist besonders im Rahmen einer guten Wartbarkeit von hoher Bedeutung, da auf diese Weise ein einheitlicherer, sauberer und zeitgemäßer Programmcode sichergestellt wird.Ein weiterer Vorteil von Methoden ist, dass sie einen direkten Rückgabewert liefern können.

Das folgende Beispiel zeigt zunächst eine beispielhafte Implementierung mit Hilfe eines Unterprogramms:

```abap
DATA: check TYPE c.

PERFORM 'pruefe_daten' CHANGING check.

IF check = 'X'.
  * Daten ok!
ELSE.
  * Daten fehlerhaft!
ENDIF.
```

Was im Einzelnen innerhalb des Unterprogramms `pruefe_daten` passiert, ist an dieser Stelle nicht weiter wichtig. Vielmehr ist darauf zu achten, dass in diesem Beispiel die Hilfsvariable `check` verwendet werden muss. Diese Variable muss dem Unterprogramm als CHANGING-Parameter[43] übergeben und von diesem auf 'X' gesetzt. Da die Variable check allerdings global im Rahmenprogramm deklariert werden muss, kann sie auch jederzeit von beliebig anderer Stelle geändert werden. Somit enthält diese Implementierung keine saubere Datenkapselung und der Code birgt ein gewisses Fehlerpotential. Darüber hinaus resultiert diese Art der Implementierung aufgrund der notwendigen Hilfsvariablen check in einem längeren und unübersichtlicheren Quellcode. Das mag in diesem einfachen Beispiel nicht weiter stören, summiert sich aber bei komplexeren Anwendungen schnell auf.

Im Folgenden betrachten wir die Implementierung des gleichen Beispiels mit Hilfe einer (objektorientierten) Methode:

```
IF lo_main->pruefe_daten() == TRUE.
   * Daten OK!
ELSE.
   * Daten fehlerhaft!
ENDIF.
```

Diese Implementierung ist kürzer, intuitiv besser lesbar und es wird keine Hilfsvariable mehr benötigt. Die komplette Implementierung der Prüfmethode und alle dazugehörigen Hilfsvariablen können sauber innerhalb der Methode selbst gekapselt werden. Dieses Verfahren hat also verschiedene Vorteile:

- bessere Lesbarkeit
- kürzerer Quellcode
- höhere Datenkonsistenz und -kapselung

Neben der besseren Syntaxprüfung und den Rückgabewerten lassen sich weitere Vorteile von Methoden in den klassischen Prinzipien der Objektoriertierung finden (wie z.B. der Möglichkeit zur Vererbung).

Methoden können in ABAP Objects allerdings nur innerhalb eines objektorientierten Kontextes eingesetzt werden. Das bedeutet für die Praxis, dass sich Methoden nur in Verbindung mit Klassen bzw. deren Instanzen effektiv verwenden lassen. Aus diesem Grund verwendet das hier vorgestellte Programmiermodell

---

[43] Der Parametertyp CHANGING bedeutet, dass das Unterprogramm diese Variable verändern kann. Ein Parameter vom Typ IMPORTING könnte hingegen vom Unterprogramm nicht manipuliert werden.

eine Rahmenklasse (die *programmrepräsentative* Klasse), die eine durchgehende Verwendung von Methoden ermöglicht.

4.3.3.2 Verwendung von Funktionsbausteinen

Die SAP stellt eine Vielzahl hauseigener Funktionsbausteine zur Verfügung, die z.B. für die Verarbeitung von speziellen und SAP-eigenen Objekten[44], wie Meldungen oder Aufträgen, notwendig sind. Funktionsbausteine werden außerdem als einheitliche Schnittstellen für Zugriffe auf Datenbestände des SAP Standards eingesetzt. Um die Konsistenz eines SAP-Systems zu gewährleisten, sollten für bestimmte Datenoperationen daher stets vordefinierte Funktionsbausteine verwendet werden. Sie lassen sich darüber hinaus aber auch in ihren benutzerdefinierten Funktionen verwenden. Es ist jedoch zu beachten, dass Funktionsbausteine in erster Linie für die globale Implementierung allgemeiner Routinen konzipiert sind, die von mehreren Programmen übergreifend genutzt werden. Sie sind hingegen nicht primär dafür zu empfehlen, lokale Programmteile spezifischer Anwendungen zu kapseln.

Dieses Programmiermodell versucht, durch die einheitliche Verwendung von Methoden einen übersichtlichen Programmcode zu gewährleisten. Gleichzeitig wird es aber in vielen Fällen notwendig sein, von der SAP vordefinierte Funktionsbausteine aufzurufen (z.B. für die Verarbeitung von BAPIs). Es ist im Rahmen dieses Modells daher sinnvoll, alle Funktionsbausteine bzw. deren Aufruf innerhalb von Methoden zu kapseln. Die Programmstruktur bleibt auf diese Weise konsistent und Parameterschnittstellen können weiterhin einheitlich über Methoden definiert werden. Der Aufruf der Funktionsbausteine erfolgt somit allein im Inneren der Methode. Ein zusätzlicher Vorteil dieses Verfahrens ist, dass man innerhalb der Methode die Funktionsbausteine beliebig austauschen kann, ohne dabei die Konsistenz des Gesamtprogramms zu gefährden.

4.3.3.3 Verwendung von Dialogmodulen

Es ist ein Merkmal von Modulpools, dass innerhalb der Ablauflogik von Dynpros keine Methoden (oder Unterprogramme), sondern ausschließlich Dialogmodule aufgerufen werden können. Dieser Umstand kann durchaus als technische Einschränkung der Sprache ABAP gewertet werden. Nichtsdestotrotz kann innerhalb von Dialogmodulen allerdings wieder ohne Einschränkungen auf Methoden zugegriffen werden.

---

[44] Solche Objekte werden von der SAP auch als *Business-Objects* bezeichnet.

Im Sinne des Konzeptes dieses Programmiermodells, nämlich der einheitlichen Verwendung von Methoden, wird für PBO und PAI jeweils ein einziges Dialogmodul innerhalb der Includes angelegt, in dem die weitere Ablauflogik wieder über Methoden realisiert wird. Es werden also insgesamt nur zwei Dialogmodule verwendet die im Prinzip nur noch den technisch notwendigen Rahmen bereitstellen, um die weitere Logik darin mit Methoden zu implementieren.

4.3.3.4 Umfang von Methoden

Allein die einheitliche Verwendung von Methoden reicht normalerweise nicht aus, um einen komplexen Quellcode gut lesbar zu strukturieren. Ein entscheidender Punkt ist auch, wie Funktionen auf die Methoden verteilt werden. Je komplexer und umfangreicher der Coderumpf innerhalb einer Methode wird, desto schwieriger nachvollziehbar wird die Programmlogik innerhalb dieser Methode. Es bietet sich daher an, Mammutmethoden zu vermeiden und Funktionen bei Bedarf auch innerhalb von Methoden auf weitere Untermethoden zu verteilen und damit neue Hierarchieebenen zu eröffnen. Diese Maßnahme ist nicht nur ab einem gewissen Umfang an Quellcode sinnvoll, sondern vor allem, wenn hierdurch eine Strukturierung auf logischer Ebene begünstigt wird. Man sollte also versuchen, Methoden so zu gestalten, dass diese in sich logische und abgeschlossene Einheiten darstellen.

- Der Name der Methode sollte sinnvoll und eindeutig gewählt werden.
- Die Methode sollte eine logische Programmeinheit bilden.
- Inhalte sollten bei Bedarf auf mehrere Methoden sinnvoll verteilt werden.
- Parameter überprüfen, dokumentieren und Redundanzen abbauen.

Die Parameter einer Methode sind für einen Programmierer in ihrem Definitionsteil ersichtlich. Dieser befindet sich allerdings an einer anderen Stelle, als der Implementierungsteil (Top-Include vs. Main-Include). Es empfiehlt sich daher, im Implementierungsteil einer Methode ihre Parameter in Form eines Kommentars als ergänzende Information festzuhalten. Das kann bei der späteren Wartung Zeit sparen.

4.3.3.5 Konsistenz durch lokale Variablen

Eine saubere Datenkapselung kann ein Programm einerseits übersichtlicher und andererseits robuster, konsistenter und damit auch unanfälliger gegen Fehler machen. Es gibt auf der anderen Seite kaum etwas Unübersichtlicheres, als ein SAP-Programm, das ausschließlich globale Variablen verwendet. Es ist daher sinnvoll, Methoden mit klar definierten Ein- und Ausgabeparametern zu versehen und sofern möglich, lokale Variablen zu verwenden.

4.3.4 Erweiterbarkeitskonzept

Dieses Programmiermodell bietet zwei Wege, um eine effektive Erweiterbarkeit zu ermöglichen. Zum einen kann eine zusätzliche Klasse `lcl_custom` angelegt werden. Innerhalb dieser Klasse können nun kundenspezifische Methoden implementiert werden, die über die Grundfunktionen der Anwendung hinausgehen. Es ist auf diese Weise möglich, Basisfunktionen in der Klasse `lcl_main` zu implementieren und alle erweiternden oder optionalen Funktionen in die Klasse `lcl_custom` auszulagern. Ebenfalls denkbar wäre z.B. eine Programmstrukturierung, die weitere Module in mehrere zusätzliche Klassen kapselt (z.B. `lcl_custom1`, `lcl_custom2`, usw.).

Eine zweite Möglichkeit, die vor allem für die Realisierung von Varianten einer Anwendung gut geeignet ist, besteht in der Verwendung einer Unterklasse, die von der Hauptklasse `lcl_main` abgeleitet wird. Dieser Weg ist vor allem dann sinnvoll, wenn nicht unbedingt völlig neue Funktionen hinzugefügt werden sollen, sondern bestehende Funktionen abgeändert bzw. neu implementiert werden müssen. Dieser Ansatz bietet den Vorteil, dass die Unterklasse zunächst alle Originalfunktionalitäten ihrer Oberklasse übernehmen kann. Möchte man nun bestimmte Funktionalitäten abändern, muss man nur die entsprechenden Methoden neu implementieren und alle übrigen Methoden könnten unverändert übernommen werden.

4.4 Implementierungsbeispiele

In diesem Abschnitt werden beispielhafte Implementierungen der einzelnen Includes (TOP, MAIN, PBO, PAI und CUSTOM) skizziert und diskutiert. Diese Code-Segmente illustrieren eine mögliche Umsetzung des Konzepts und dienen als Anregung und Hilfe bei der praktischen Umsetzung.

4.4.1   Top-Inlcude

Der Top-Include beginnt mit der programmeinleitenden Anweisung PROG-RAM, die das Programm als Modulpool klassifiziert. Der folgende erste Block im Top-Include enthält sämtliche Datendeklarateionen und Typdefinitionen. Z.B. Konstanten, Tabellen, Typen, Variablen, Controls, Strukturen usw.

```
PROGRAM  mein_programm MESSAGE-ID meine_nachrichten_id.

* Datendeklarationen und -definitionen
* ==============================
* Konstanten
CONSTANTS: constante_1, ..., constant_n.

* Tabellen
TABLES: tabelle1, ..., tabelleN.

* Sonstige Daten und Typdefinitionen
DATA: ...
```

Auf diesen ersten Block folgt im Top-Inlcude ein zweiter Block, der die Definitionsteile aller verwendeten Klassen beinhaltet. In unserem Beispiel werden die zwei Klassen `lcl_main` und `lcl_custom` verwendet. Beide Klassen werden nach dem Singleton-Muster implementiert werden. Das Code-Segment auf der rechten Seite zeigt eine mögliche Implementierung dieser Klassen.

```abap
* Definitionsteile der Klassen
* ==============================
CLASS lcl_main DEFINITION CREATE PRIVATE.

  PUBLIC SECTION.

    METHODS:
      meine_Methode_1,
      ...,
      meine_Methode_n.

    CLASS-METHODS:
      class_constructor,
      get_instance RETURNING value(re_program)
        TYPE REF TO lcl_main.

  PRIVATE SECTION.
    CLASS-DATA: r_program TYPE REF TO lcl_main.

ENDCLASS.

* Deklaration der zugehörigen Instanzvariable
DATA: lo_main TYPE REF TO lcl_main.


* Die Definition von lcl_custom ist komplett
* analog zu lcl_main

CLASS lcl_custom DEFINITION CREATE PRIVATE.
  [...]  " analog zu lcl_main
ENDCLASS.

DATA: lo_main TYPE REF TO lcl_main.
DATA: lo_custom TYPE REF TO lcl_custom.
```

Die Implementierung der Klasse `lcl_custom` ist im oberen Code-Segment nicht weiter ausgeführt, da diese genauso aussieht, wie die Implementierung der Klasse `lcl_main`. Die normalen Methoden der Klassen werden innerhalb der PUBLIC SECTION definiert. Die für das Singleton-Muster notwendigen Methoden `class_constructor` und `get_instance` werden hingegen als statische Methoden definiert.

4.4.2 Main- und Custom-Include

Dieses Beispiel zeigt eine mögliche Implementierung der Klasse `lcl_main` innerhalb des MAIN-Includes.

Alle wesentlichen Funktionen des Programmes können als Methoden dieser Klasse implementiert werden (`meine_Methode_1` bis n). Bei einer großen Anzahl an Methoden bietet sich an dieser Stelle eine weitere Verschachtelung oder zumindest eine weitere Aufteilung an. Z.B. könnte man verschiedene Kategorien von Methoden definieren (z.B. Kernfunktionen, Hilfsmethoden, Berechnungen, Dynprosteuerung, Datenbeschaffung, usw.)

```
CLASS lcl_main IMPLEMENTATION.

  METHOD meine_Methode_1.
    [...]
  ENDMETHOD.


  .
  .
  .


  METHOD meine_Methode_n.
    [...]
  ENDMETHOD.


* Interner Klassenkonstruktor
*    (notwendig für Singleton-Muster)
* ================================
  METHOD class_constructor.
    CREATE OBJECT r_program.
  ENDMETHOD.

* Get-Methode für Klasseninstanz
*    (notwendig für Singleton-Muster)
* ================================
  METHOD get_instance.
    re_program = r_program.
  ENDMETHOD.

ENDCLASS.
```

Zusätzlich zeigt das Beispiel, wie sich das Singleton-Muster in ABAP implementieren lässt. Die Klasse `lcl_main` muss hierfür einmalig beim Programmstart instanziiert werden. Verwendet man z.B. die Instanzvariable `lo_main`, sähe die notwendige Anweisung wie folgt aus:

```
lo_main = lcl_main=>get_instance( ).
```

Die Implementierung der Klasse `lcl_custom` erfolgt analog wie die Implementierung der Klasse `lcl_main`. In unserem Beispiel erfolgt die Implementierung der Klasse `lcl_custom` in einem speraten Custom-Include.

Die Verwendung verschiedener Klassen als Sammler bzw. Rahmen für einzelne Methoden ist ein Instrument dafür, den Programmcode zu segmentieren. In unserem Modell beinhaltet die Klasse `lcl_main` die Kernmethoden der Anwendung, während die Klasse `lcl_custom` erweiternde Funktionen kapselt. Diese Aufteilung auf `lcl_main` und `lcl_custom` ist lediglich ein möglicher Vorschlag für eine sinnvolle Segmentierung. Natürlich kann man seine Programmfunktionen ja nach Anforderung auch auf beliebig andere Klassen verteilen. Je nach Programmstruktur kann z.B. auch eine andere Verwendung von Klassen sinnvoll sein. Es gilt allerdings zu bedenken, dass ein sehr großes Maß an Klassen unter Umständen der Übersichtlichkeit schaden kann.

4.4.3 PBO-Include

Das Code-Segment auf der rechten Seite zeigt eine mögliche Implementierung des Modules `pbo` innerhalb des PBO-Includes.

Das Modul beginnt mit einem Initialisierungsblock, der beim ersten Programmstart einmalig ausgeführt wird. Die einmalige Ausführung wird über die Hilfsvariable `gf_first_run` sichergestellt. Innerhalb dieses Initialisierungsblockes werden die Instanzen der Klassen `lcl_main` und `lcl_custom` erzeugt sowie eine Methode `init_program( )` aufgerufen, in der beliebige weitere Grundparameter des Programmes festlegt werden können. Außerdem wird der OK-Code initialisiert.

Der darauf folgende Block enthält eine Case-Verzweigung die mit Hilfe der Variablen `gf_dynpro` das derzeit aktive Dynpro ermittelt. In Abhängigkeit des Dynpros können nun verschiedene Methoden aufgerufen werden. Diese Methoden können z.B. Startanweisungen beinhalten, die beim Laden eines bestimmten Dynpros erfolgen sollen.

Hinter der Case-Schleife können wiederum beliebige Anweisungen implementiert werden, die unabhängig vom Dynpro immer im PBO ausgeführt werden sollen.

Die Besonderheit dieser Strukturierung des PBO-Moduls liegt darin, dass nur sehr wenig Programmlogik oder sonstige komplizierten Anweisungsmethodik implementiert wird. Stattdessen wird allein die grobe PBO-Logik in Verbindung mit Methodenaufrufen implementiert. Auf diese Weise ist es möglich, die äußere PBO-Ablauflogik übersichtlich und nachvollziehbar zu halten. Wenn man nun daran interessiert ist, was z.B. im Einzelnen passiert, kann man in den Inhalt der jeweiligen Methoden abspringen.

```abap
MODULE pbo OUTPUT.

* Initialisiere Programm (einmalig, nur beim ersten
Programmstart)
  IF gf_first_run = 'X'.
    CLEAR gf_first_run.

* Erzeuge Instanzen der Programmklassen
    lo_main = lcl_main=>get_instance( ).
    lo_custom = lcl_custom=>get_instance( ).

    lo_main->init_program( ).
  ENDIF.

  CLEAR ok_code.

  CASE gf_dynpro.

* ------------------------------------------------
* Dynpro #1
* ------------------------------------------------
    WHEN 1.
      lo_main->set_dynpro_controls_1( ).
      lo_main->get_data_1( ).

* ------------------------------------------------
* Dynpro #2
* ------------------------------------------------
    WHEN 2.
      lo_main->set_dynpro_controls_2( ).
      lo_main->get_data_2( ).

  ENDCASE.

* Die folgenden Anweisungen werden in allen Dynpros
ausgeführt

  lo_main->do_something( ).

ENDMODULE.
```

4.4.4 PAI-Include

Dieses Beispiel zeigt eine mögliche Strukturierung des PAI-Includes. Das Code-Segment zeigt eine PAI-Ereignislogik für zwei Dynpros. Die globale Variable `gf_dynpro` beinhaltet wie beim PBO-Beispiel auch hier die Information darüber, welches Dynpro aktuell aktiv ist.

Neben der äußeren Case-Schleife zur Abfrage des aktuellen Dynpros wird für jedes einzelne Dynpro eine zweite Case-Schleife verwendet, um den OK-Code abzufragen. In Abhängigkeit des OK-Codes werden Methoden aufgerufen:

```
MODULE pai INPUT.

  CLEAR ok_code.
  ok_code = sy-ucomm.

  CASE gf_dynpro.

* ---------------------------------------------
* Dynpro #1
* ---------------------------------------------
    WHEN 1.

      CASE ok_code.

        WHEN 'ENDE'.
          lo_main->leave_program( ).
        WHEN 'ACTION'.
          lo_main->do_something( ).

      ENDCASE.

* ---------------------------------------------
* Dynpro #2
* ---------------------------------------------
    WHEN 2.

      CASE ok_code.
        ...
      ENDCASE.

  ENDCASE.
```

Dieser Implementierungsstil ermöglicht eine übersichtliche und klare Strukturierung der Ablauflogik, die sich besonders bei größeren Programmen mit mehren Dynpros lohnt.

4.5 Zusammenfassung

Im Folgenden werden noch einmal alle Punkte aufgelistet, die für dieses Programmiermodell relevant sind:

- Das Programm wird als *Modulpool* definiert.
- Das Programm wird auf verschiede *Includes* aufgeteilt: TOP, MAIN, PBO, PAI und CUSTOM.
- Datendeklarationen und Definitionen erfolgen im TOP-Include.
- Alle (Teil-)Funktionen werden als *Methoden* einer Klasse `lcl_main` im MAIN-Include implementiert.
- *Funktionsbausteine* werden in Methoden gekapselt.
- Es werden *keine Unterprogramme* verwendet.
- Der Code in den PBO und PAI Includes wird gut nachvollziehbar strukturiert und modelliert die grobe *Ablauflogik*.
- Auch der Code innerhalb von Methoden sollte übersichtlich gehalten werden. Wird er zu komplex, sollte wieder in weitere Untermethoden referenziert werden.
- Methoden sollten in ihrer Funktion logisch abgeschlossen und stimmig sein.
- Sofern möglich, sollten *lokale Variablen* innerhalb von Methoden verwendet werden (im Sinne einer sauberen Datenkapselung).
- Erweiternde Funktionen, z.B. für Addons oder Zusatzpakete, können in separate Klassen ausgelagert werden.
- Programmvarianten und kundenspezifische Anpassungen können in Form von Unterklassen von `lcl_main` realisiert werden.

5 Ein effektives Programmiermodell für ALVs

In diesem Kapitel wird ein praxistauglicher Ansatz zur Implementierung von standardisierten, unkomplizierten und effektiven ALVs[45] vorgestellt, der auf dem objektorientierten ALV-Modell basiert. Die Zielsetzung des hier vorgestellten Konzepts liegt darin, einen leistungsstarken und einheitlichen ALV zu implementieren, der in beliebigen SAP-Applikationen mit möglichst wenig Zeilen an Quellcode eingebunden werden kann und die Vorteile der Objektorientierung nutzt. Im einfachsten Fall muss lediglich eine interne Tabelle als Parameter übergeben werden, aus welcher der ALV vollautomatisch generiert wird.

Die Merkmale und Vorteile des Modells lassen sich wie folgt zusammenfassen:

- Generierung eines ALVs aus einer *beliebigen* internen Tabelle
- Standardisierte und *anwendungsübergreifende* Lösung für ALVs
- Bei Bedarf ist der ALV *individuell anpassbar*
- Wurde der ALV einmal an zentraler Stelle implementiert, kann er *unkompliziert* und *schnell* in beliebigen Anwendungen eingebunden werden
- Anwendungen lassen sich schneller realisieren, übersichtlicher gestalten und einfacher warten

5.1 Einleitung

Ein Großteil von SAP-Anwendungen beschäftigt sich mit der Auswertung von Datenbankinformationen. ALVs repräsentieren in diesem Rahmen das typische Werkzeug innerhalb der SAP-Entwicklung, um eine tabellarische Darstellung von Daten zu erzielen. Insbesondere, wenn ein Entwicklungsteam immer wieder kleinere Reports zur Auswertung schreiben muss, kann es sich lohnen, einmal eine saubere und gute Implementierung eines ALVs anzulegen, auf die man im

---

[45] Die Abkürzung ALV steht für *ABAP List Viewer* oder auch *Advanced List Viewer*. Ein ALV dient der Ausgabe von Daten in tabellarischer Form. Darüber hinaus stellen ALVs meist Sortierungs- und Formatierungsfunktionen zur Verfügung und bieten Absprungpunkte in Folgetransaktionen. ALVs gehören zu den am häufigsten verwendeten Elementen von ABAP Programmen, da die betriebswirtschaftlichen Anwendungsfelder innerhalb von SAP Software immer wieder tabellarische Datenauswertungen erfordern.

weiteren Alltag immer wieder zurückgreifen kann. Auf diese Weise kann man eine konstante Qualität sicherstellen und Entwicklungszeit sparen.

In folgenden Abschnitt wird in aller Kürze auf die objektorientierte ALV-Programmierung mit Hilfe der Klasse `CL_SALV_TABLE` eingegangen. Es handelt sich dabei nur um einen groben Überblick/Einstieg, der mit einigen beispielhaften Code-Segmenten abgerundet wird. Detaillierte Informationen lassen sich in entsprechender Fachliteratur und verschiedenen Internetartikeln finden.[46]

5.2 Objektorientierte ALV-Programmierung mit CL_SALV_TABLE

Es gibt verschiedene Klassen, die seit Netweaver 4 für die Implementierung objektorientierter ALVs verwendet werden können. Z.B. `CL_SALV_TABLE` (2D Tabelle), `CL_SALV_HIERSEQU_TABLE` (hierarchischer ALV) oder `CL_SALV_TREE` (Baumstruktur). Im Folgenden wird die ALV-Programmierung mit der Klasse `CL_SALV_TABLE` kurz vorgestellt und erläutert.

Wie in der objektorientierten Programmierung üblich, müssen von Klassen Instanzvariablen gebildet werden, um sie als Objekte zu verwenden. Die Deklaration einer Instanzvariablen `o_alv` als Instanz der Klasse `cl_salv_table` sieht wie folgt aus:

```
DATA: o_alv TYPE REF TO cl_salv_table.
```

Um die Instanz bzw. das Objekt (hier: `o_alv`) zu erzeugen, bietet die Klasse `CL_SALV_TABLE` die statische Methode `FACTORY`.[47] Für einen sauberen Programmierstil kann diese Methode zum Beispiel innerhalb eines `TRY/CATCH`-Blockes implementiert werden und eine mögliche Fehlermeldung mit Hilfe der Nachrichtenklasse `cx_salv_msg` abgefangen werden. Die Variable `t_data` beinhaltet in diesem Fall die Daten in Tabellenform, mit denen der ALV generiert werden soll:

---

[46] siehe z.B. (Wood, J. 2009), sowie:
http://help-abap.blogspot.com/2008/09/tutorials.html#SALVTAB
[47] CL_SALV_TABLE unterstützt neben FACTORY auch noch andere Design-Patterns wie z.B. ADAPTER

```
DATA: lx_msg TYPE REF TO cx_salv_msg.
TRY.
  cl_salv_table=>factory(
    IMPORTING
      r_salv_table = o_alv
    CHANGING
      t_table      = t_data ).
  CATCH cx_salv_msg INTO lx_msg.
ENDTRY.
```

Eine weitere Kernmethode der Klasse CL_SALV_TABLE ist die Methode DISPLAY, mit welcher der ALV auf dem Bildschirm angezeigt werden kann:

```
o_alv->display( ).
```

Es gibt nun zahlreiche weitere Möglichkeiten, alle relevanten Aspekte des ALVs individuell einzustellen. Anpassbar sind unter anderem z.B. der Header, die PF-Statusleiste, das Layout, die Display Settings, Spaltenattribute oder auch Hotspots. Die Klasse cl_salv_table stellt hierfür verschiedene Methoden zur Verfügung, um einzelne Aspekte des ALVs als Objekte zu beziehen und zu verändern (z.B. GET_DISPLAY_SETTINGS, GET_COLUMNS, GET_LAYOUT, usw.).

Das folgende Code-Segment zeigt ein Beispiel für die Anpassung der Display-Settings. In diesem Beispiel wird ein Zebra-Zeilenmuster aktiviert sowie die Titelbezeichnung festgelegt:

```
DATA: lo_display TYPE REF TO cl_salv_display_settings.
lo_display = o_alv->get_display_settings( ).
lo_display->set_striped_pattern( 'X' ).
lo_display->set_list_header( 'Mein ALV-Titel' ).
```

Eine gute Möglichkeit, einen objektorientierten ALV zu strukturieren, liegt darin, solche Anweisungsblöcke in Methoden zu gliedern. Z.B. könnte man das obenstehende Code-Segment in eine Methode set_display_settings auslagern und die ALV-Implementierung in einer übergeordneten Klasse kapseln. Darüber hinaus kann man zu Gunsten der Übersichtlichkeit weitere Methoden wie z.B. set_layout oder set_header implementieren. Ein solcher Ansatz wird auch in dem hier vorgestellten ALV-Modell vorgeschlagen und verfolgt.

Ein weiterer wichtiger Aspekt einer objektorientierten ALV-Programmierung liegt in der Ereignisbehandlung, um damit Benutzerinteraktionen wie z.B. einen Doppelklick in ein bestimmtes ALV-Feld abzufangen. Hiefür kann ein Event-Handler mit Hilfe der Klasse `cl_salv_events_table` implementiert und über den Befehl `SET HANDLER` mit dem eigentlichen ALV verknüpft werden.

Es soll in diesem Kapitel aber weniger darum gehen, die Grundlagen objektorientierter ALV-Programmierung zu vermitteln, als vielmehr ein allgemeines Konzept vorzustellen, wie man solche objektorientierten ALVs praxistauglich für eigene Anwendungen einsetzen kann.

5.3 Anforderungen

In diesem Abschnitt werden die Anforderungen, die der Entwicklung dieses Modells zu Grunde lagen, kurz erläutert.

5.3.1 Bausteinprinzip für unkomplizierte Einbindung

Der ALV soll unkompliziert und schnell verwendet werden können und in seiner Einbindung so wenig Zeilen an Code wie möglich erfordern. Weiterhin soll der ALV als eine Art fertiger Baustein in beliebigen Applikationen einsetzbar sein. Im einfachsten Fall soll er per Copy & Paste eingefügt werden können und es muss lediglich der Parameter für die interne Tabelle mit den eigentlichen Tabellendaten angepasst werden.

5.3.2 ALV aus beliebigen internen Tabellen

Der ALV soll aus einer beliebigen internen Tabelle generiert werden können. Um die Erstellung von Feldkatalogen, wie bei einer prozeduralen Implementierung üblich, soll man sich nicht mehr manuell kümmern müssen. Die implementierungstechnische Herausforderung liegt also im Besonderen darin, dass die Felder und Struktur der Tabelle im Vorfeld nicht bekannt sein müssen.[48]

---

[48] Das Arbeiten mit variablen Tabellen gehört zu den fortgeschrittenen Techniken der ABAP Programmierung und erfordert den Einsatz von generischen Datentypen und Feldsymbolen.

5.3.3 Standardisierte ALVs

Es soll ein standardisiertes ALV-Modell entwickelt werden, das anwendungs-übergreifend verwendet werden kann.

Beispielszenario: *Eine Firma bietet verschiedene Softwareprodukte an, die alle mit dem gleichen ALV arbeiten. Nun entscheidet sich die Firma, das Layout der Tabellen in allen Programmen zu ändern.*

Hat die Firma eine normale prozedurale Implementierung verwendet, muss sie in jedem einzelnen Programm den ALV-Code anpassen. Diese übergreifende Änderungsmaßnahme erfordert bei vielen betroffenen Anwendungen nicht nur einen großen Aufwand, sondern birgt auch ein beachtliches Fehlerpotential. Hat die Firma den ALV jedoch mit dem hier beschriebenen, globalen Modell implementiert, muss die Änderung lediglich einmal an einer einzigen Stelle vorgenommen werden. Im Anschluss greift die Änderung in allen Programmen, die den globalen ALV verwenden. Die Verwendung dieses Modells kann auf diese Weise auch den Wartungsaufwand von ALVs erleichtern.

5.3.4 Individuelle Anpassbarkeit und Erweiterbarkeit

Trotz der Vorteile von einheitlichen Standardlösungen kann es jederzeit passieren, dass aufgrund besonderer Anforderungen eine spezielle Lösung notwendig wird. Das hier vorgestellte ALV-Modell soll daher bei Bedarf beliebig und individuell anpassbar und erweiterbar sein.

5.4 Bestandteile des Modells

In diesem Abschnitt werden die wesentlichen Konzepte des vorgestellten ALV-Modells beschrieben.

5.4.1 Das Grundkonzept: eine globale ALV-Klasse

Das in diesem Kapitel beschriebene objektorientierte ALV-Modell basiert auf der Verwendung einer globalen ALV-Klasse, die wir im Folgenden `zcl_alv` nennen. Innerhalb dieser Klasse wird ein ALV-Objekt verwendet das auf dem von der SAP bereitgestellten objektorientierten ALV-Modell[49] `cl_salv_table` basiert. Da die Klasse `zcl_alv` als globale Klasse deklariert wird, kann sie von allen Programmen innerhalb der Entwicklungsumgebung ohne zusätzliche Includes verwendet werden.[50]

Darüber hinaus wird eine zweite globale Klasse verwendet, die wir `zcl_handle_events` nennen. Innerhalb dieser Klasse kann die Ereignisbehandlung für die Nutzerinteraktion mit dem ALV implementiert werden. Diese Ereignisklasse basiert auf `cl_salv_events_table`. Das folgende UML-Diagramm zeigt ein Beispiel dafür, wie diese Klassen aussehen könnten:

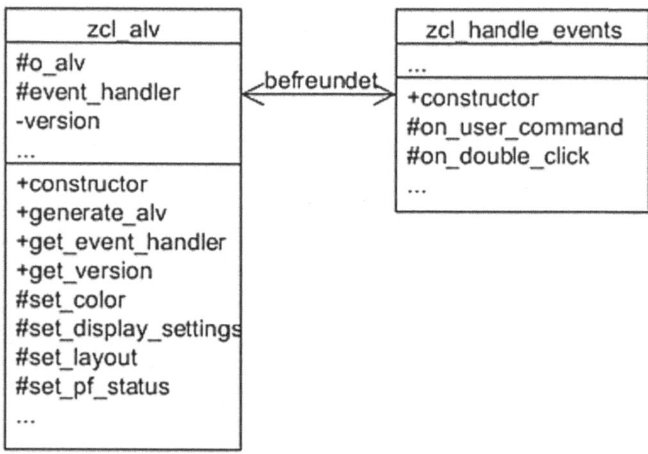

Wir unterscheiden im Folgenden 3 Arten von ALVs, die mit diesem Modell realisiert werden können:

1. *Standardisierter ALV*
2. *Standardisierter ALV mit Ereignisbehandlung*
3. *Standardisierter ALV mit beliebiger Anpassung oder Erweiterung*

Die folgenden Abschnitte erläutern die verschiedenen ALV-Varianten.

---

[49] Weiterführende Informationen zu diesem Modell lassen sich z.B. in dem Literaturverweis Wood, J. 2009 finden.

[50] Globale Klassen können mit Hilfe der ABAP-Workbench angelegt und definiert werden. Es besteht außerdem die Möglichkeit, programmlokale Klassen in globale Klassen zu konvertieren.

5.4.2 Standardisierter ALV

Der standardisierte ALV ist die einfachste Variante zur Umsetzung des in diesem Kapitel vorgestellten ALV-Modells. Diese Variante basiert unmittelbar auf der Implementierung der globalen ALV-Klasse und verwendet *keine* Ereignisbehandlung. Dafür lässt sie sich im einfachsten Fall mit lediglich drei Zeilen Programmcode in beliebige SAP-Applikationen einfügen.

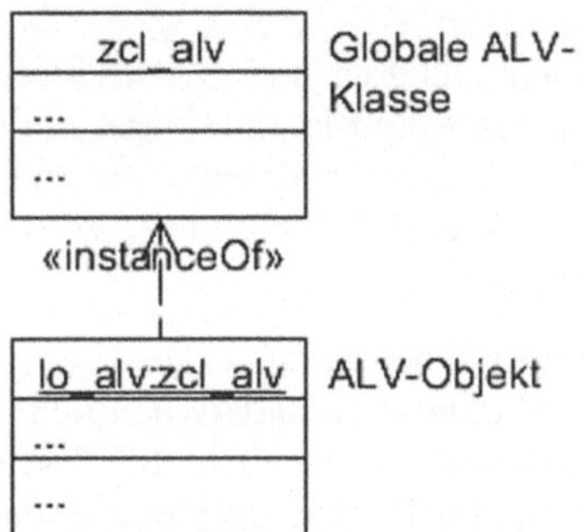

Um diesen ALV zu verwenden, muss ein Entwickler eine Instanzvariable der globalen ALV-Klasse in seinem Programm deklarieren, eine Objektinstanz erzeugen und eine entsprechende Anzeigemethode (hier: `generate_alv`) aufrufen. Diese Methode ist so programmiert, dass ihr eine beliebige interne Tabelle als Parameter übergeben wird, aus welcher der ALV generiert wird. Da sich die Implementierung dieser Anzeigemethode als trickreich erweisen kann, wird hierfür an späterer Stelle eine Beispielimplementierung vorgestellt (siehe Abschnitt 5.3.5). Das folgende Code-Segment zeigt die Einbindung des standardisierten ALVs:

```abap
DATA: lo_alv TYPE REF TO zcl_alv.

CREATE OBJECT lo_alv.

lo_alv->generate_alv( changing alv_table = it_tab ).
```

Abgesehen von der Datendeklaration in der ersten Zeile, besteht die Einbindung des ALVs nun aus lediglich zwei Schritten:

1.   *Erzeugen eines Objektes bzw. einer Instanz des ALVs*
2.   *Aufruf einer Darstellungsmethode, die eine beliebige interne Tabelle als Parameter übergeben bekommt*

Das Layout, die Darstellungsoptionen und alle weiteren Attribute des ALVs werden innerhalb der globalen Klasse implementiert. Ein Entwickler, der den ALV einfach nur in seinem Programm nutzen möchte, muss sich also nicht damit auseinandersetzen.

Hat man in der globalen Klasse einmal einen sauberen und gut strukturierten ALV implementiert, kann man diesen nun genau so mit lediglich drei Zeilen an Programmcode überall einsetzen. Ist man darüber hinaus an einer anwendungsübergreifenden und einheitlichen ALV-Visualisierung interessiert, wird diese durch Verwendung des Konzeptes sichergestellt.

Vergleicht man dieses Vorgehen mit einer klassischen prozeduralen Implementierung, so wird deutlich, dass eine prozedurale Alternative deutlich mehr Quellcode erfordert. Hier müsste man normalerweise verschiedene Hilfsvariablen verwenden, einen Feldkatalog generieren, das Layout im Code definieren usw. Zwar besteht auch in einer prozeduralen Implementierung die Möglichkeit, die ALV-Generierung zugunsten der Modularisierung auf ein Unterprogramm auszulagern, doch dieses Unterprogramm muss in jedem Fall an irgendeiner Stelle *innerhalb* der Applikation implementiert werden. Das bedeutet, dass der Quellcode der Anwendung umfangreicher wird. Eine durchschnittliche prozedurale ALV-Implementierung erfordert ohne Kommentare und Leerzeilen etwa 40 Zeilen an Programmcode und mehr. Gleichzeitig fehlt die Möglichkeit, an einer zentralen Stelle ein einheitliches und anwendungsübergreifendes ALV-Modell zu definieren, d.h. es fehlt die Möglichkeit zu einer effektiven Standardisierung.

Im Vergleich zu einer prozeduralen Implementierung ist diese objektorientierte Lösung deutlich übersichtlicher und einfacher anzuwenden. Es werden keine Unterprogramme benötigt und es muss lediglich ein Parameter angepasst werden. Die einzige Voraussetzung ist, dass der ALV einmal in Form der globalen Klasse sauber implementiert wird.

Merkmale:

- Einheitliches Layout und Formatierung
- Keine Ereignisbehandlung
- Keine individuellen Anpassungen
- Geringer Implementierungsaufwand

5.4.3 Standardisierter ALV mit Ereignisbehandlung

Die standardisierte ALV-Implementierung im vorherigen Abschnitt bietet noch keine Ereignisbehandlung. Während es viele Programme gibt, in denen eine reine Darstellung von Daten bereits ausreichend ist, gibt es jedoch auch viele Anwendungen, in denen eine weiterführende Benutzerinteraktion erforderlich ist. Ein typisches Beispiel hierfür ist der Doppelklick in ein bestimmtes Feld eines AVLs. Je nach Programm könnte ein solcher Doppelklick z.B. den Absprung in eine weitere Transaktion oder die Darstellung zusätzlicher Informationen auslösen.

Für die Realisierung einer Benutzerinteraktion innerhalb unseres ALV-Modells wird eine zweite globale Klasse für die Ereignisbehandlung implementiert (z.B. `zcl_alv_events`). Diese Ereignisklasse basiert auf der Event-Handler-Klasse `cl_salv_events_table`. Sie muss in einer *befreundeten* Beziehung zu der ALV-Klasse definiert werden, um einen gegenseitigen Zugriff der Klassen auf ihre jeweiligen Komponenten zu ermöglichen. Die Reaktionen auf Ereignisse des ALVs können nun in den Methoden der Ereignisklasse implementiert werden. Eine typische Methode dieser Klasse wäre z.B. `on_doubleclick`.

Die Ereignisbehandlung ist zumeist sehr stark abhängig von der jeweiligen Anwendung. D.h. eine Standardisierung, wie sie z.B. beim Layout sinnvoll sein kann, macht bei der Ereignisbehandlung üblicherweise weniger Sinn. Nichtsdestotrotz kann und sollte man innerhalb der globalen Ereignisklasse eine allgemeine Ereignisbehandlung implementieren, die als Standard verwendbar ist. Darüber hinaus wird es aber in der Praxis notwendig sein, diese Ereignisbehandlung für individuelle Anwendungen anzupassen oder zu erweitern.

Beispielszenario: *Eine Firma entwickelt zwei Anwendungen auf Basis des hier vorgestellten ALV-Modells. Beide Anwendungen beinhalten die ALV-basierte Auswertung von Daten und sollen in Bezug auf Layout und Formatierung identisch sein (Die Firma möchte ein Standard-Layout umsetzen). Der ALV in Anwendung A wertet Daten der Materialwirtschaft aus, der ALV in Anwendung B wertet Daten des Controllings aus. Beide ALVs sollen bei einem Doppelklick in ein Feld in eine spezielle Transaktion abspringen, allerdings muss dies bei Anwendung A eine MM-Transaktion sein und bei Anwendung B eine CO-Transaktion.*

Das Beispielszenario sieht also bei einem Doppelklick in ein bestimmtes Feld einen Absprung in eine neue Transaktion vor. Diese Transaktion unterscheidet sich allerdings von Anwendung zu Anwendung. Es wird deutlich, dass eine standardisierte, globale Ereignisimplementierung in diesem Fall nicht ausreichend ist, da die Ereignisreaktion programmspezifisch ausfallen muss.

Um dennoch eine individuelle Ereignisbehandlung zu ermöglichen, kann eine Unterklasse der globalen Ereignisklasse verwendet werden. In dieser Unterklasse können nun die geerbten Methoden neu implementiert bzw. überschrieben werden. Durch das Prinzip der Vererbung ist es ausreichend, lediglich die Teile neu zu implementieren, die programmspezifisch sein sollen. In unserem Beispiel handelt es sich dabei um den Namen der Transaktion, die durch den Doppelklick ausgelöst werden soll.

Die Implementierung der Unterklasse soll hier nicht näher beschrieben werden. Das folgende Code-Segment zeigt die Einbindung des standardisierten ALVs mit Ereignisbehandlung:

```
DATA: lo_alv TYPE REF TO zcl_alv.
DATA: lo_alv_events TYPE REF TO zcl_alv_events

CREATE OBJECT lo_alv_events.
CREATE OBJECT lo_alv
  EXPORTING event_handler = lo_alv_events.

lo_alv->generate_alv( changing alv_table = it_tab ).
```

Im Vergleich zu dem vorherigen ALV ohne Ereignisbehandlung wird in dieser Lösung zusätzlich das Ereignisobjekt `lo_alv_events` deklariert und eine dazu passende Instanz erzeugt. Die Verknüpfung zwischen ALV-Objekt und Ereignisobjekt (`set handler`) kann direkt in der Construktor-Methode des ALV-Objektes implementiert werden. Auf diese Weise reicht es, das Ereignisobjekt als Parameter bei der Erzeugung des ALV-Objektes zu übergeben. Es wird also erst ein Ereignisobjekt erstellt und im Anschluss das eigentliche ALV-Objekt, dem dieses Ereignisobjekt zugewiesen wird. Somit wird der Code zur Einbindung des ALVs schlank gehalten und der Großteil der Implementierung erfolgt innerhalb der ALV-Klasse.

Das folgende UML-Diagramm verdeutlicht die Verknüpfung der einzelnen Klassen und Objekte:

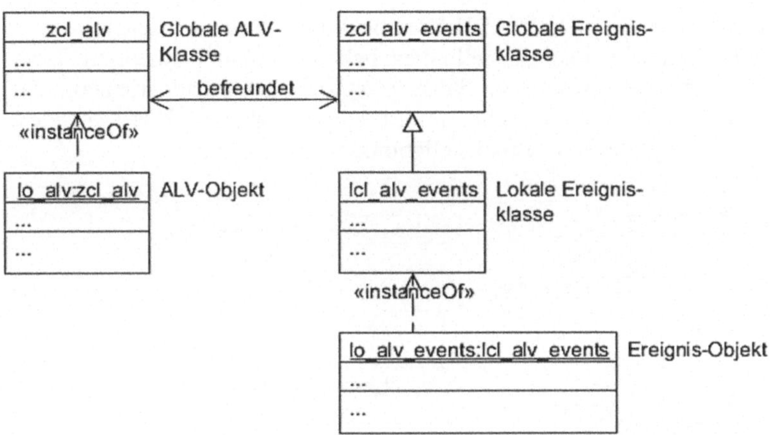

Im Vergleich zu der auf Unterprogrammen basierenden Ereignisbehandlung in prozeduralen ALVs stellt diese objektorientierte Form der Ereignisbehandlung ein deutlich moderneres und effektives Konzept für die Steuerung von ALV-Ereignissen dar.

Merkmale:

- Einheitliches Layout
- Keine individuellen Anpassungen
- Mittlerer Implementierungsaufwand

5.4.4 Standardisierter ALV mit beliebiger Anpassung oder Erweiterung

Mit den beiden zuvor beschriebenen ALV-Modellen lässt sich bereits eine große Zahl von Anwendungsbereichen abdecken. Es kann allerdings auch passieren, dass eine ALV-Lösung erforderlich ist, die stark von den Parametern und Attributen der global definierten ALV-Klasse abweicht.

Beispielszenario: *Eine Firma bietet verschiedene Softwareprodukte an, die auf dem standardisierten ALV-Modell basieren. Nun wünscht sich allerdings ein Kunde für eine neue Custom-Anwendung ein gänzlich anderes Layout.*

Durch das objektorientierte Prinzip der Vererbung lässt sich eine solche Individuallösung glücklicherweise problemlos realisieren. Hierfür kann einfach eine Unterklasse der globalen ALV-Klasse implementiert werden. Die zu erzeugende

Instanzvariable muss nun natürlich auf die neue Unterklasse referenzieren (und nicht mehr auf die globale ALV-Klasse). Innerhalb dieser Unterklasse können nun alle Parameter und Einstellungen beliebig neu implementiert bzw. überschrieben werden. Auf diese Weise lässt sich jeder standardisierte ALV im Bedarfsfall auch an spezifische Anforderungen anpassen. Das folgende UML-Diagramm zeigt die Klassenkonstellation:

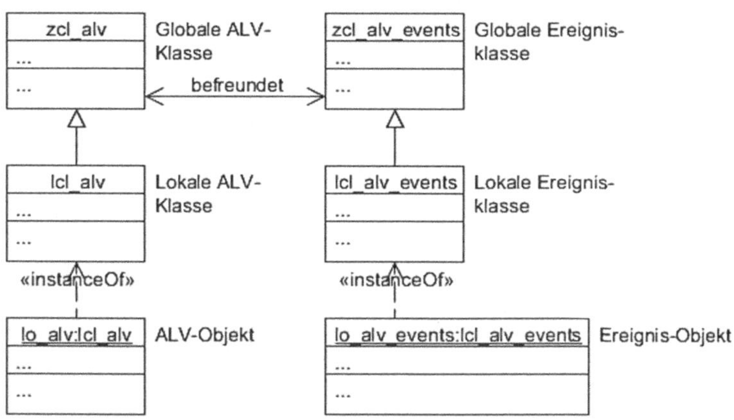

Zwar ist der manuelle Aufwand bei diesem Konzept wieder vergleichsweise hoch, dennoch müssen nur die Methoden neu implementieren werden, die man auch wirklich verändern möchte. Alle anderen Methoden können durch die Vererbung von der globalen Oberklasse unverändert übernommen werden. Darüber hinaus bleibt der Standard-ALV natürlich unberührt so dass dieser manuelle Aufwand nur dann erforderlich wird, wenn wirklich eine Custom-Lösung erforderlich ist.

Merkmale:

- Beliebige Anpassung aller Einstellungen
- Größerer Implementierungsaufwand

5.4.5 Generische Verwendung beliebiger Tabellen

Ein zentraler Bestandteil des in diesem Kapitel vorgestellten ALV-Konzeptes liegt in der Verwendungsmöglichkeit *beliebiger* interner Tabellen. Beliebig bedeutet, dass die Felder und Struktur der Tabellen nicht bekannt sein müssen. Ein wesentlicher Vorteil dieses Ansatzes ist, dass sich ein Entwickler bei der Einbindung des ALVs nicht mehr um die Struktur der Tabelle kümmern muss und den ALV problemlos für alle Arten von Tabellen einsetzen kann. Diese generische Form der Programmierung gehört zu den fortgeschritteneren Techniken der ABAP-Programmierung.

Im Folgenden wird eine beispielhafte Implementierung dieses Konzeptes vorgestellt. Der dazugehörige Code sollte üblicherweise innerhalb der zentralen Anzeigemethode des ALVs platziert werden (hier: `generate_alv`). Diese Methode bekommt eine beliebige interne Tabelle als Importparameter (hier: `alv_table`) übergeben und versucht innerhalb eines TRY/CATCH-Blockes, den ALV daraus zu erzeugen:

```abap
...
DATA: lx_msg TYPE REF TO cx_salv_msg.
FIELD-SYMBOLS: <fs_itab> TYPE ANY TABLE.

ASSIGN alv_table TO <fs_itab>.

TRY.
  cl_salv_table=>factory(
    IMPORTING              r_salv_table = o_alv
    CHANGING               t_table      = <fs_itab> ).

  CATCH cx_salv_msg INTO lx_msg.

ENDTRY.
...
```

Diese Implementierung verwendet das Datenmodell FIELD-SYMBOLS (dt. Feld-Symbole), das in ABAP für die Deklaration von generischen Datentypen verwendet wird. Der Importparameter `alv_table` (beliebige interne Tabelle) wird dem generischen Feldsymbol `<fs_itab>` über den Befehl ASSIGN zugewiesen. Das Feldsymbol `<fs_itab>` beinhaltet nun die beliebige interne Tabelle. Im Folgenden wird Innerhalb eines TRY-CATCH-Blocks versucht, den Inhalt von

`<fs_itab>` über die Methode `factory` mit der ALV-Instanz (`o_alv`) zu verknüp-
fen. Mögliche Fehler können über den `CATCH`-Block abgefangen werden.

5.5 Zusammenfassung

ALVs gehören zu den wesentlichen Bestandteilen von SAP-Applikationen und
repräsentieren den Grundbaustein für die tabellarische Auswertung von Daten.
Das vorgestellte ALV-Modell ermöglicht eine standardisierte ALV-Lösung, die
schnell und einheitlich in beliebigen Anwendungen eingesetzt werden kann.
Gleichzeitig ist aber bei Bedarf auch eine individuelle Anpassung auf spezifische Anforderungen möglich.

Im Folgenden werden noch einmal alle Punkte aufgelistet, die für dieses Programmiermodell relevant sind:

- Die ALV-Grundstruktur wird einmalig und zentral implementiert und defi-
  niert.
- Hierfür wird eine globale Klasse auf Basis des objektorientierten ALV-
  Modells verwendet (`cl_salv_table`).
- Eine zweite globale Klasse kann für die Ereignisbehandlung implementiert
  werden (`cl_salv_events_table`). Üblicherweise werden Unterklassen dieser Klasse verwendet.
- ALVs können auch individuell angepasst werden. Hierfür müssen lokale
  Unterklassen der globalen Klassen verwendet und deren Methoden entsprechend implementiert werden.
- Es wurden 3 Alternativen vorgestellt: Standardisierte ALVs, Standardisierte ALVs mit Ereignisbehandlung und Standardisierte ALVs, die individuell
  angepasst werden können.

Literatur

Balzert, Heide (2005): Lehrbuch der Objektmodellierung. München: Spektrum Akademischer Verlag

Breeding, Kenneth J. (1992): Digital Design Fundamentals. New Jersey: Prentice-Hall, Inc.

Breymann, Ulrich (2007): C++. Einführung und professionelle Programmierung. München: Carl Hanser Verlag.

Erlenkötter, Helmut (2002): C\#. Universell programmieren von Anfang an. Hamburg: Rowohlt Taschenbuch Verlag

Erlenkötter, Helmut (2008a): C++. Objektorientiertes Programmieren von Anfang an. Hamburg: Rowohlt Taschenbuch Verlag

Erlenkötter, Helmut (2008b): Java. Programmieren von Anfang an. Hamburg: Rowohlt Taschenbuch Verlag

Franz, Thorsen und Trapp, Tobias (2008): Anwendungsentwicklung mit ABAP Objects. Bonn: Galileo Press

Henning, Peter A. u. Vogelsang, Holger (2007): Handbuch Programmiersprachen. München: Carl Hanser Verlag.

Keller, Horst (2004): ABAP Referenz. Bonn: Galileo Press

Keller, Horst u. Krüger, Sascha (2006): ABAP Objects. ABAP Programmierung mit SAP NetWeaver. Bonn: Galileo Press

Lahres, Bernhard u. Rayman, Gregor (2006): Praxisbuch Objektorientierun.Von den Grundlagen zur Umsetzung. Bonn: Galileo Press

Liebstückel, Karl (2008): Instandhaltung mit SAP. Bonn: Galileo Press

Liguori, Robert u. Liguori Patricia (2008): Java. Köln: O'Reilly Verlag

Oestereich, Bernd (1999): Objektorientierte Softwareentiwcklung. Analyse und Design mit der Unified Modeling Language. München: Oldenbourg Verlag

Rumpe, Bernhard (2004): Modellierung mit UML. Berlin/Heidelberg: Springer Verlag

SAP AG (2007): BC401 ABAP Objects (SAP Schulungsunterlagen). Waldorf: SAP AG

Sommerville, Ian (2001): Software Engineering. Essex, England: Pearson Education Limited

Spillner, Andreas u. Linz, Tilo (2005): Basiswissen Softwaretest. Heidelberg: dpunkt.verlag

Wood, James (2009): Objektorientierte Programmierung mit ABAP Objects. Bonn: Galileo Press

Weblinks:

(OMG) Object-Management-Group (30.09.2009): Unified Modeling Language. http://www.uml.org

(Norm1) International Organization for Standardization (24.08.2009): Official ISO distribution for Norm 25000. http://www.iso.org/iso/catalogue_detail.htm?csnumber=35683

(Norm2) Wikipedia (09.09.2009): [ISO 9126]. http://de.wikipedia.org/wiki/ISO/IEC_9126

(JUNIT) Object Mentor Team (14.09.2009): Unit.org Resources for Test Driven Development. http://www.junit.org

(TOP100) Top 100 Research Foundation (16.09.2009): Software Top 100. http://softwaretop100.org